전북 東鐵西鹽 길잡이

장수군 古代 문화유산 寶庫

곽장근

목차

프롤로그 · 4

01 전북 동부 아이언로드(Iron-Road) · 8
02 장수 남양리, 가야 철기문화 요람 · 15
03 장수군 등 전북 동부 철산지였다 · 21
04 동진강 하구의 가야포와 제철유적 · 27
05 장수 대적골 제철유적과 가야토기 · 31
06 전북 동부 봉화망 구축, 반파가야 · 36
07 장안산 장안사와 통신유적 봉화대 · 75
08 신무산 각섬석과 무령왕릉 진묘수 · 79
09 전북 동부 가야계 산성의 특징이다 · 83
10 백제계 핵심 분묘유적, 장수 무농리 · 88

11 백두대간 토옥동계곡과 백제 사행로 • 94

12 장수 팔공산 여덟 절터와 철기문화 • 98

13 신라계 핵심 분묘유적, 장수 춘송리 • 102

14 가야에서 후백제까지 장수 침령산성 • 107

15 신라, 침령산성을 4배로 증축하였다 • 112

16 장수 침령산성 신라 가잠성 아닐까? • 117

17 후백제, 계단식 집수시설을 남기다 • 122

18 장수 합미산성 왕바위와 견(진)훤왕 • 128

19 장수 대성고원, 최첨단산업단지 • 133

20 장수군, 후백제 불국토 아니었을까? • 138

에필로그 • 144

프롤로그

우리나라 전통지리학의 지침서로 알려진 신경준(申景濬)이 편찬한 『산경표(山經表)』에 백두대간(白頭大幹)이 실려 있다. 백두산 장군봉에서 시작하여 동쪽 해안선을 끼고 남쪽으로 흐르다가 태백산 근처에서 서쪽으로 방향을 틀어 영취산(靈鷲山)을 지나 지리산 천왕봉까지 뻗은 거대한 산줄기이다. 백두대간이 장수군 동쪽 자연 경계를 이룬다.

우리나라의 국토를 동서로 갈라놓는 경계로 다시 백두대간에서 뻗어나간 여러 갈래의 산줄기들은 지역권 및 생활권을 구분 짓는 경계선이 되었다. 삼국시대 때는 백제와 신라의 국경선을, 조선시대에는 경상도와 전라도의 행정 경계를 이루었다. 백두대간 서쪽 금강(錦江) 최상류에 장수군이 위치한다.

백두대간은 또한 한반도의 등뼈이자 자연 생태계의 보고로 그 서쪽에 금강 발원지 신무산(神舞山) 뜬봉샘을 거느린 장수군이 위치한다. 금남호남정맥이 장수군을 북쪽의 금강과 남쪽의 섬진강(蟾津江) 유역으로 갈라놓는다. 장수군은 금·은·동·철, 수연, 규석 등 지하자원의 보고로서 마치 지상낙원(地上樂園)과 파라다이스를 연상시킨다.

장수군의 무궁무진한 지하자원이 전북혁신도시를 테크노밸리로 개발한 선진세력을 장수군으로 초대한 것 같다. 2100년 전 장수 남양리 지배자 무덤에 잠든 주인공이 철기문화와 마한문화를 장수군으로 전파하였다. 장수 남양리는 장수군 문화유산의 최고봉(最高峰)이자 문화유적의 제왕(帝王)이다.

선사시대부터 내내 사통팔달하였던 교통의 중심지와 전략상 요충지로 영호남 물류와 화합의 관문 백두대간 육십령도 거느린다. 우리나라 남부지방 심장부에 위치한 지정학적인 이점과 철산개발과 관련이 깊다. 그리하여 장수군은 법화산과 백화산, 영취산, 팔공산 등이 자리하여 달리 불국토(佛國土)로도 회자된다.

장수군은 마한부터 후백제까지 고대 문화유산의 왕국이다. 전북 동부에서 마한문화가 처음 시작된 천천면 남양리는 전북 동부 철기문화의 요람지(搖籃地)다. 장수군에서 90여 개소의 제철유적이 발견되었고, 장계면 명덕리 대적골 제철유적 발굴조사 때 가야부터 후백제까지 철 생산과 유통도 입증되었다.

문헌 속 반파가야는 가야계 봉화 왕국으로 등장한다. 백두대간 산줄기 서쪽에서 유일하게 장수군에서만 240여 기의 가야 고총과 120여 개소의 봉화가 발견되었고, 장계면 삼봉리 고분군이 가야계 핵심 분묘유적으로 그 부근에 반파가야의 추정 왕궁터도 자리한다. 역사고고학으로 본 장수가야는 반파가야의 아이덴티티(identity)와 일맥상통한다.

일본열도(日本列島)를 포함하여 전북 동부에서만 120여 개소의 봉화가 학계에 보고되었다. 모두 여덟 갈래로 복원된 봉화로의 최종 종착지가 장수군 장계분지로 반파가야의 도읍지였다.『일본서기(日本書紀)』에 반파가야가 등장한다는 이유만으로 그 국명을 부르는 것이 금기시되거나 터부시되어 유감스럽다. 역사고고학으로 본 장수가야는 문헌 속 반파가야다.

백두대간 품속 봉화 왕국 반파가야가 백제에 의해 멸망된 이후 백제계 대형무덤이 등장한다. 장수군 장계면 무농리 백제 고분으로 뚜껑돌의 크기가 176cm로 전북 동부에서 가장 크다. 백제의 지배 기간이 짧았던지 한 기의 백제 고분만 자리하여 그것을 뒷받침한다.

 충북 옥천 관산성(管山城) 전투에서 대승을 거둔 신라는 장수군 등 전북 동부 철산지를 대부분 장악한 뒤 장수 침령산성을 서쪽 거점성(據點城)으로 삼고 그 부근에 호남지방 최대 규모의 신라계 분묘유적을 남겼다. 무덤과 산성이 하나의 세트관계를 이루어 장수군으로 신라의 진출을 고고학 자료로 입증하였다.

 백제 무왕(武王) 때 신라로부터 장수군을 다시 되찾았다. 『삼국사기(三國史記)』에는 장수군 장계분지에 백제 백이[해]군(伯伊[海]郡)이 장수분지에 우평현(雨坪縣)이 설치된 것으로 나온다. 이때부터 통일신라까지 200년 동안 장수군의 위상과 역사성이 고고학 자료로 아직은 검증되지 않았지만 벽계군(璧溪郡)으로 그 위상을 최고로 드높였다.

 후백제는 장수군을 전북 동부 거점으로 인식하고 관방유적과 생산유적, 불교유적, 제의유적 등의 다양한 문화유산을 골고루 남겨 후백제 왕도 전주 못지않다. 후백제는 전북 서부의 백제와 전북가야의 융합(融合)이다. 백두대간 품속 장수군은 지붕 없는 '야외 박물관'으로 마치 풍요로움을 상징하는 샹그릴라와 유토피아를 연상시킨다.

01
전북 동부 아이언로드(Iron-Road)

기원전 202년 제나라 전횡(田橫)이 군산 어청도로 망명해 와서 그를 모신 사당 치동묘(淄東廟)가 어청도에 있다. 여기서 치동묘는 제나라 도읍 임치(臨淄) 동쪽에 위치한 사당이라는 뜻이다. 전횡은 초한전쟁(楚漢戰爭) 때 형인 전담, 전영과 함께 진나라에 반기를 들고 제나라를 이끈 인물이다.

충남 보령 외연도에도 전횡 장군을 모신 사당이 있으며, 해마다 음력 2월 14일 외연도 당제에서 풍어의 신으로 전횡을 모신다. 새만금 방조제가 시작되는 군산 비응도에도 전횡 사당이 있었는데, 전횡이 쓴 것으로 전하는 칼이 사당에 모셔져 있었다고 한다.

중국 산동반도에 기반을 둔 제나라는 발해만(渤海灣)의 소금 생산과 타이항산맥(太行山脈)의 철산개발에 근거를 두고 동염서철(東鹽西鐵)로 회자된다. 1975년 전북혁신도시 내 완주 상림리에서 나온 26점의 중국식 청동칼은 유물의 속성이 제나라 청동칼과 똑같다. 오직 완주 상림리 출토품이 한반도 구리와 주석을 사용하였다는 점에서만 차이를 보일 뿐이다.

중국식 청동칼은 제나라 전횡이 어청도에 도착한 뒤 비응도를 거쳐 만경강 내륙수로를 따라 전북혁신도시에 정착하였음을 뒷받침해 주는 명약관화한 고고학적 증거물이다. 춘추오패이자 전국 칠웅 중 최강국 제나라의 동염서철이 전북과 첫 인연을 맺음으로써 전북혁신도시가 신도시로 첫 개발되었다.

제나라 전횡 망명 8년 뒤 또 다른 왕이 전북과 인연을 맺었다. 기원전 194년 고조선 마지막 왕 준왕(準王)이 연나라 망명자 위만에게 나라를 빼앗긴 뒤 배를 타고 남쪽으로 내려와 새로운 땅을 찾았는데, 당시 준왕이 상륙한 곳이 나리포(羅里浦)라고 한다.

금강 하구 으뜸 포구 나리포는 그 부근에 익산 입점리·웅포리·장상리 고분군이 모여 있다. 군산시 나포면 나포리 공주산(公主山)을 중심으로 어래산성과 도청산성, 관원산성, 용천산성에 준왕과 관련된 이야기가 차고 넘친다. 금강 하구에서 해양문화가 가장 융성하였던 곳이다.

예부터 전하는 이야기에 따르면 준왕은 산을 넘어 익산에 가서 나라를 세웠는데, 당시 준왕의 딸인 공주가 머물렀던 산을 공주산이라고 불렀고, 준왕이 공주를 데리러 왔다고 해서 공주산 앞쪽 산을 어래산(御來山)이라고 부른다. 금강 하구 나리포에 도착한 준왕은 익산시 일원에 한반도 최고의 청동문화를 찬란히 꽃피웠다. 익산시는 준왕과 관련된 유적과 이야기가 넉넉하고 많다.

모악산과 미륵산 사이 만경강 유역의 전북혁신도시에는 전횡 일행이, 익산시 일대에는 고조선 준왕이 정착하였을 것으로 추정된다. 그리하여 만경강 유역이 마한의 요람으로 통하며, 경기도와 충청도, 전라도 등 마한의 영역에서 철기문화가 처음 시작된 곳이다.

우리나라에서 서력기원 개시 전후부터 300년경까지의 약 3세기 동안을 원삼국시대라고 부른다. 1970년대 고고학계에서 처음 제기된 시대 구분법으로, 삼국이 고대국가 체제를 완성하기 이전까지 과도기적인 단계로 그 이전에는 삼한시대·철기시대·마한·삼국시대 전기 등으로 불리었다. 전북은 줄곧 마한 영역에 속하였기 때문에 마한이라는 용어로 통일하여 사용하고자 한다.

마한은 청동기의 쇠퇴, 고인돌의 소멸, 철기문화의 등장과 철 생산의 급증, 장인 집단의 출현, 농경문화의 발전, 패총의 증가와 대형화, 김해식토기가 처음 등장하는 것으로 요약된다. 그리고 이전 시기에 본격적으로 만들어지기 시작한 목관묘와 목곽묘, 독무덤이 더욱 대형화되었고, 여기에 지역성이 강한 주구토광묘(周溝土壙墓), 분구묘(墳丘墓), 수혈식(竪穴式) 석곽묘(石槨墓)가 새롭게 출현한다.

『삼국지(三國志)』위서 동이전 한조에는 마한에 크고 작은 54개의 소국들이 있었던 것으로 기록되어 있다. 마한의 영역이 오늘날 경기도와 충청도, 전라도에 걸쳐 있었던 점을 감안한다면, 현재 시·군 단위마다 하나씩의 소국이 자리하고 있었을 것으로 판단된다. 새만금 일대에 기반을 둔 마한의 소국들은 해양세력이거나 아니면 해상교역을 주로 하는 정치집단이었을 것으로 추정된다.

우리나라는 삼면이 바다로 열려있고, 중국의 선진문물인 철기문화가 바닷길로 전북에 전래되었다. 일본에서 농경의 신과 학문의 신, 의학의 신으로 추앙받고 있는 인물이 제나라 방사(方士) 서복(徐福)이다. 진시황(秦始皇)의 명령을 받고 불로초를 구하기 위해 새만금과 제주도를 거쳐 일본에 정착하였다. 이 무렵 진나라 선진문물이 일본열도에 전해지는 계기가 되었다.

제나라 전횡의 망명과 고조선 준왕의 남래(南來)로 우수한 청동문화와 철기문화가 바닷길로 곧바로 만경강 유역에 전래되었다. 그리하여 전북혁신도시는 초기 철기문화의 시작이 경기도, 충청도보다 상당히 앞선다. 여태까지 큰 지지를 받았던 철기문화가 육로(陸路)보다 바닷길로 전북에 전래되었음을 말해준다.

종래에 소홀히 생각하였던 바닷길이 열려있었음을 기억하여야 한다. 단언컨대 한반도는 삼면이 바다로 열려있다. 두 갈래의 바닷길로 전북혁신도시 등 만경강 유역에 전파된 초기 철기문화가 전북 동부 철기문화의 서막을 알린 기폭제(起爆劑)가 되었다.

중국 산동반도에 기반을 둔 제나라는 발해만의 소금 생산과 타이항산맥의 철산개발에 근거를 두고 동염서철로 회자된다. 1975년 전북혁신도시 내 완주 상림리에서 나온 26점의 중국식 청동칼이 교역보다 망명객에 의해 제작된 것으로 본 고견(高見)이 널리 통용되고 있다. 중국식 청동칼은 전횡 일행이 군산 어청도·비응도를 거쳐 바닷길로 전북혁신도시에 정착하였음을 뒷받침해 주는 핵심 증거물이다.

제나라 전횡 일행이 일본열도 남안을 흐르는 쿠로시오 해류를 이용하면 바닷길로 산동반도에서 어청도로의 당도 개연성이 높다. 춘추오패이자 전국 칠웅 중 최강국 제나라의 동염서철이 전북과 첫 인연을 맺은 것이다. 아이러니하게도 고고학으로 검증된 전북의 고대문화는 제나라와 유사한 동철서염(東鐵西鹽)으로 요약된다.

필자는 전북 동부에서 그 존재를 드러낸 300여 개소의 제철유적과 새만금 일원 200여 개소의 패총에 근거를 두고 전북의 고대사를 동철서염으로 표방하였다. 40여 년 동안 지표조사를 통해 산더미처럼 쌓인 고고학 자료에 그 근거를 두었다. 전북은 동부 철기문화와 서부 해양문화로 상징된다.

2011년 필자는 산동박물관과 산동대학교 박물관에서 전북혁신도시 내 완주 상림리 출토품을 쏙 빼닮은 중국식 청동칼을 보고 일순간 소스라치게 놀랐다. 이때부터 한반도와 산동반도 물질문화의 교류가 본격 시작되었다. 완주 상림리에서 나온 중국식 청동칼은 전북과 산동반도를 이어준 증거물이자 브릿지였다.

2200년 전 전북혁신도시를 첨단산업단지로 일군 선진세력이 100년 뒤 대이동을 단행하였는데, 장수군 등 전북 동부에서 그 단서가 포착되었다. 지리산 달궁계곡(達宮溪谷)으로 피난을 떠난 마한왕과 장수군 천천면 남양리 무덤에 잠든 지배자가 그 주인공들이다. 이들은 전북 동부 철기문화 창조자이다.

02
장수 남양리, 가야 철기문화 요람

 흔히 가야는 42년부터 562년까지 영남 서부에서 호남 동부에 걸쳐 존재하였던 소국들의 총칭이다. 일연이 쓴 『삼국유사(三國遺事)』에 등장하는 금관가야(金官伽倻)와 대가야(大伽倻), 아라가야(阿羅伽倻), 고령가야(古寧伽倻), 소가야(小伽倻), 성산가야(星山伽倻)가 가야를 대표한다.

 중국 및 일본 문헌에는 기문(己汶), 반파(叛波 혹은 伴跛) 등 20개 이상의 가야계 소국들이 등장한다. 낙동강과 섬진강 사이에 위치하였던 가야는 서쪽이 백제에 동쪽이 신라에 의해 멸망되었다. 전북 동부에는 반파가야, 기문가야 등 2개 이상의 가야계 소국이 있었던 것으로 밝혀졌다.

 가야는 국민들로부터 '철의 왕국'으로 큰 사랑을 받고 있다. 지금도 가야를 '철의 왕국' 혹은 '철의 제국'으로 복원해 달라는 것이 국민들의 염원이다. 아이러니하게도 가야 철기문화의 요람지가 장수군 천천면 남양리 유적이다. 천천면 남양리 들판 밭에 자리한 지배자 무덤에서 가장 오래된 철기유물이 나왔기 때문이다. 2100년 전 철기문화가 전북 동부에 전래되었다는 것이 유적과 유물로 명확하게 입증되었다.

1989년 겨울 필자가 천천면 남양리 이방마을을 찾았다. 이 마을 김승남 어르신이 우연히 밭에서 유물을 발견하였다는 소식을 듣고 유물을 보기 위해서였다. 어르신은 무 구덩이를 파던 중 쨍그랑 소리가 들려 깨진 유물을 모아 놓고 보니 국사책에서 봤던 청동거울이었다고 증언해 주었다. 이곳은 천천면 농공단지 동쪽 들판으로 지금은 경지 정리 사업으로 원래의 지형을 살필 수 없지만 사통팔달하였던 교통의 중심지였다.

전북대학교 박물관에서 모교에 유물 기증을 당부 드렸지만 어르신의 의지는 분명하고 강하였다. 어르신은 밭에서 나온 유물로 장수군을 전국에 알리겠다는 고향 사랑을 밝히고 발견매장문화재로 국가에 신고하였다. 다행히 어르신의 서원(誓願)은 적중하였다.

얼마 뒤 국립중앙박물관 지건길 박물관장이 논문으로 장수 남양리 유적을 학계에 알렸다. 이때부터 장수 남양리 유적이 한반도 초기 철기시대를 상징하는 최고의 명소로 주목을 받기 시작하였다. 만약 장수 남양리 유적을 찾지 못하였다면 장수군의 위상은 어땠을까? 모든 게 다 불가능하다.

1996년 장수고 이병운 수학 선생님 제보로 구제 발굴조사가 이루어졌다. 그는 남양리 일대에서 경지 정리 사업이 진행되는 것을 확인하고 곧바로 국립군산대학교 박물관에 제보하였다. 장계면 오동리가 고향인 이병운 선생님은 장수 남양리 유적을 지킨 파수꾼이자 참 영웅이다. 다시 또 친구에게 고마움을 전한다.

필자는 공사 현장에서 유적의 흔적을 확인하고 구제 발굴조사가 필요하다고 장수군에 건의하였다. 곧이어 전북대학교 박물관 주관으로 이루어진 발굴조사에서 다섯 기의 적석목관묘(積石木棺墓)가 조사되었다. 모두 다 이병운 수학 선생님의 고향 사랑이 가져다준 기적이다.

적석목관묘는 들판의 강자갈과 모래를 장방형으로 파낸 뒤 그 안에 크기가 일정하지 않은 천석(川石)을 가지고 아주 거칠고 조잡하게 벽석을 쌓았다. 그러나 2100년 전 무덤에서 핵폭탄급 유물이 쏟아졌다. 당시까지만 해도 한반도 초기 철기시대 무덤의 최고봉이었다.

 유물은 점토대토기(粘土帶土器), 흑도장경호(黑陶長頸壺)를 비롯하여 동경(銅鏡)·세형동검(細形銅劍)·검파두식(劍把頭飾)·동모(銅矛)·동착(銅鑿) 등의 청동유물과 철부(鐵斧)·철착(鐵鑿)·철사(鐵鉈) 등 철기류, 석기류, 토기류, 관옥(管玉) 등이 나왔다. 당시 철기유물이 나와 철기문화가 장수군에 전파되었음을 유물로 알렸다.

 기원전 300년부터 기원 전후한 시기까지 300년 동안을 초기 철기시대라고 한다. 우리나라에 철기문화가 처음 전래되어 철기유물이 청동유물과 함께 섞여 나오는 것이 가장 큰 특징이다. 장수 남양리 유적이 이 단계에 속해 초기 철기시대 핵심 유적으로 평가를 받는다.

 장수 남양리에서 나온 유물들이 국립중앙박물관 초기 철기시대 전시실에서 전북 철기문화의 탁월성을 맘껏 뽐내고 있다. 장수군이 초기 철기시대부터 후백제까지 천년 동안 전북 동부 철기문화의 역사성을 온 세상에 알리고 있는 일등 공신이다.

 전북혁신도시는 철기문화가 바닷길로 전파되어 마한의 요람으로 평가받는다. 한 세기 뒤 전북혁신도시를 한반도 테크노밸리로 일군 선진세력이 철광석을 찾아 장수군 등 전북 동부로 대거 이동한다. 한마디로 한반도를 뒤흔든 엑소더스였다.

그렇게 선진세력이 심혈을 기울여 찾던 철광석이 만경강 유역에서는 발견되지 않아 어쩔 수 없이 전북혁신도시를 떠났다. 그들이 장수군 등 전북 동부에 철기문화와 함께 마한문화를 전달해 주었다. 영남은 변한이 가야로 성장하였지만, 전북 동부는 마한 세력이 가야문화를 받아들여 가야계 소국으로까지 발전하였다. 전북가야는 마한과 가야의 앙상블이다.

장수군에서 마한계 유적은 마무산(馬舞山)을 중심으로 그 부근에 모여 있다. 장수군 계남면 침곡리 사곡마을 남쪽 산자락 정상부에서 마한의 집자리가 조사되었다. 집자리는 자연생토층을 네모나게 파내어 생활공간을 마련하고 그 남쪽에 별도로 취사 공간을 두었다. 원저호, 장란형토기 등 마한계 토기가 취사 공간 부뚜막 위에 올려놓은 상태로 출토되었다. 전북 서부에서 밝혀진 마한계 집자리의 구조와 유물의 속성도 동일하다.

장수군 계남면 침곡리 고기마을 동남쪽 마무산 동쪽 기슭에서도 마한계 토광묘가 조사되었다. 장수읍

노곡리와 계남면 호덕리에서 말무덤이 확인되었는데, 말무덤은 마한의 지배자 무덤으로 달리 왕무덤으로도 불린다. 솔직히 말무덤은 마한계 문화유적의 결정체이다.

아직은 장수군 마한계 문화유적을 대상으로 발굴조사가 미진하여 그 역사성을 단정할 수 없지만 한 부류의 마한 세력이 만경강 유역에서 금남호남정맥 신광치를 넘는 옛길로 장수군 등 금강 최상류로 이동하였을 것으로 추정된다. 그들이 남긴 최초의 역사 기록이 장수 남양리 유적이다. 장수군에서 마한의 역사는 대강 500년 정도 된다.

03
장수군 등 전북 동부 철산지였다

흔히 역사는 불로 싹트기 시작해 철로 꽃 피웠다고 한다. 그리하여 무쇠를 가진자가 세상을 지배한다는 격언이 있다. 예나 지금이나 국가 국력의 원천은 철(鐵)이다. 그리하여 고고학에서도 제철유적을 최고의 생산유적으로 꼽는다. 예전에 철을 생산하던 제철유적은 오늘날 포항제철과 그 의미가 똑같다.

한반도에서 700여 개소의 제철유적이 학계에 보고되었는데, 전북 동부에 300여 개소의 제철유적이 모여 있다. 확언컨대 전북 동부는 제철유적 왕국으로 전 세계적으로도 극히 이례적인 철산지였다. 그럼에도 불구하고 아무도 전북 동부 제철유적에 관심을 두지 않아 안타깝다.

인간의 지혜와 자연의 철광석이 하나로 응축된 제철유적은 전북문화유산의 백미(白眉)이다. 어떠한 제철유적도 원료인 철광석과 연료인 숯, 첨단기술 등 세 가지의 핵심조건이 반드시 충족되어야 한다. 여기서 가장 중요한 것은 제련로(製鍊爐)의 온도를 1500° 이상으로 올릴 수 있는 첨단기술의 전래이다.

전북 동부는 핵심조건들을 빠짐없이 다 갖춘 대규모 철산지였다. 문헌이 거의 남아있지 않아 제철유적을 찾고 알리는데 고고학자들의 열정과 도전이 필요로 하였다. 국립군산대학교 고고학팀의 제철유적 관심과 사랑에 박수를 보낸다.

전북 동부는 철광석의 매장량이 무궁무진하다. 백두대간과 금남정맥, 금남호남정맥을 따라 철분의 함유량이 월등히 높은 흑운모 편마암이 폭 넓게 산재해 있다. 2015년 철광석에서 뿜어낸 아스팔트 포장도로의 검붉은 녹물이 고고학자와 첫 인연을 맺어 주었다. 지금도 제철유적의 긴 잠을 깨우는 지표조사가 계속되고 있기 때문에 그 수가 더 증가할 것으로 확신한다.

어디서나 철산개발에서 핵심요소는 첨단기술로 용광로(鎔鑛爐)의 내부 온도를 1500° 이상 올려야 철광석이 녹는데, 그 과정이 첨단기술이다. 철광석을 녹여 처음으로 얻어진 철을 선철(銑鐵) 혹은 무쇠라고 한다. 무쇠는 단단하기는 하나 부러지기 쉽고 강철(鋼鐵)에 비해 쉽게 녹이 슨다. 강철은 탄소의 함유량이 선철에 비해 낮고 아주 단단하여 여러 가지 재료로 쓰인다.

모든 제철유적의 심장부로 알려진 용광로를 만들려면 좋은 흙이 있어야 하는데, 산에서 나는 대로 알려진 산죽(山竹)은 대체로 양질의 흙에서 자생한다. 전북 동부는 천혜의 산죽 군락지로 산죽이 있다는 것은 그 부근에 제철유적이 존재한다는 행운의 시그널(signal)이다.

전북은 경기도, 충청도보다 철기문화의 시작이 훨씬 앞선다. 전북혁신도시에서 쏟아진 고고학 자료로 검증되었다. 전북의 철기문화가 육로가 아닌 바닷길로 전북에 전래되었음을 말해준다. 우리들이 바다와 바닷길에 관심을 가져야 하는 이유이다.

중국 제나라 전횡의 망명 또는 고조선 마지막 왕 준왕의 남래와 무관하지 않다. 새만금은 두 갈래의 바닷길로 철기문화가 만경강 유역으로 전래되는데 통로이자 마중물이었다. 그리고 금강·만경강·동진강 등 세 갈래의 내륙수로와 바닷길이 교차하는 물류의 중심지였다.

기원전 3세기경 전북혁신도시 등 만경강 유역을 최첨단과학단지로 일군 선진세력이 한 세기 뒤 철광석을 찾아 전북 동부로 대거 이동한다. 장수군 천천면 남양리 무덤에 잠든 지배자와 지리산 달궁계곡 달궁

터를 남긴 마한의 왕이 그 주인공들이다.

 기원전 84년 마한왕이 전쟁이 일어나자 피난을 떠났는데, 당시 왕이 머문 피난처가 지리산 달궁계곡이다. 마한왕은 71년 동안 달궁계곡에 머물면서 나라를 다스렸다고 서산대사가 쓴 『황령암기(黃嶺庵記)』에 전한다. 가야사 국정과제가 진행되면서 마한왕의 달궁터가 그 모습을 드러냈다. 20년 이상 국립군산대학교 고고학팀이 마한왕 달궁 터 찾기 프로젝트의 성과물이다.

 백두대간 만복대 동쪽 기슭 하단부에 달궁 터가 위치하고 있는데, 현지 주민들이 절골로 부르는 계곡이다. 달궁 터에 절이 들어서 절골로 불린다. 만복대에서 동북쪽으로 뻗은 산자락이 중반부에서 두 갈래로 갈라져 천혜의 명당 자리를 만들었는데, 그곳이 달궁 터이다. 지리산에 조물주가 남긴 대걸작으로 그 평면 형태는 거의 반달 모양이다.

 2100년 전 무슨 이유로 마한왕이 지리산 달궁계곡을 피난처로 삼았을까? 71년 동안 마한왕이 지리산 달궁계곡에서 나라를 다스릴 수 있는 국력의 원천은 어디서 나왔을까? 아무리 생각해도 역시 철이다. 지리산 달궁계곡은 철의 함유량이 상당히 높은 니켈 철광석 산지로 유명하다. 초기 철기시대 마한왕이 전해준 제련 기술과 달궁계곡의 철광석이 서로 만나 철기문화를 꽃피운 것이 아닌가 싶다.

인류의 역사 발전에서 공헌도가 탁월한 것이 철(鐵)이다. 소금과 함께 인류의 역사 발전을 선도하였다. 전북 동부는 솔직 담백하게 표현하면 철이다. 초기 철기시대부터 후백제까지 천년 동안 철산개발로 전북 동부를 고대문화의 용광로로 만들었다.

전북에서 꽃피운 마한의 요람도 익산 백제도 전북가야의 봉화도 장수 춘송리 신라 핵심 분묘유적도 통일신라 완산주(完山州)와 남원경(南原京)도 후백제 전주 천도(遷都)도 철산개발과 무관하지 않은 것 같다. 전 세계적으로 철산지는 대부분 중심지이자 거점을 이루었다.

튀르키예 히타이트에서 전북 동부까지 이어진 철기문화의 전파 경로가 전북 동부 아이언 로드(Iron-Road)다. 전북 철기문화를 다룬 문헌이나 이야기가 거의 없어서 고고학자들이 고단한 발품을 팔아야 하였다. 전북 아이언 로드 복원을 위한 학제간 프로젝트가 강구되었으면 한다.

장수군에서 제철유적이 가장 많이 발견된 곳이 번암

면 지지계곡이다. 장안산(長安山) 남쪽 지지계곡은 제철유적이 골짜기마다 자리하여 달리 '철의 계곡' 혹은 '아이언 밸리'로 통한다. 요사이 '번암상추'와 '번암막걸리'가 큰 사랑을 받는 것도 철광석이 뿜어낸 쇳물과 무관하지 않은 것 같다.

 전북 동부 제철유적을 찾는 지표조사에 참여한 김병환 전 부안여고 교장 선생님과 전주 신흥고 이승만, 전주 아중초교 최명식, 사진작가 황재남, 전 장수의료원 송명헌 선생님 등 모든 분들께 감사를 드린다. 다행히 전북 동부 제철유적의 역사성을 검증하기 위한 학술 발굴조사도 이제 막 시작되었다.

04
동진강 하구의 가야포와 제철유적

조선 철종 8년(1857)에 만든 「동여도(東輿圖)」에 가야포(加耶浦)가 표기되어 있다. 조선 말기의 지리학자 김정호가 「대동여지도(大東輿地圖)」를 나뭇조각에 새기기 위해 먼저 붓으로 그린 전국 지도가 「동여도」이다. 우리나라의 옛 지도 중 가장 많은 인문 지리의 정보가 수록되어 있다. 지명은 그 지역 특유의 성질과 지역성을 함께 담고 있다.

1864년 김정호가 지은 『대동지지(大東地志)』 부안현 산수조에도 가야포가 또다시 등장한다. 『대동지지』는 전국 지리지이자 역사지리서로 김정호(1804~1866)가 편찬한 32권 15책의 필사본(筆寫本)이다. 필사본은 손으로 직접 그린 지도로 달리 수서본(手書本) 혹은 초사본(鈔寫本)으로도 불린다.

가야포는 동진강을 따라 잘 갖춰진 옛길의 종착지로 동진강 하구 부안군 계화면 궁안리 용화동마을 부근이다. 서해 연안항로의 기항지이자 해양제사를 지낸 부안 죽막동 제사유적에서 위쪽으로 20km 가량 떨어진 곳이다. 1960년대까지만 해도 동진강 하구에는 50여 개소의 크고 작은 포구가 있었다고 한다.

475년 가라왕 하지가 중국 남제에 사신을 파견하였는데, 가야포는 사신단이 출발한 국제교역항의 하나로도 추측된다. 장수군 등 전북 동부에서 300여 개소의 제철유적이 발견되었다. 옛날에 철광석을 녹여 철을 생산하는 과정에 굴이나 조개껍질을 용광로 속에 넣는다. 이 첨가제는 슬래그 등 불순물 분리와 배출에 탁월한 효과가 있다. 지금도 포항제철, 광양제철에서 불순물 분리를 위해 용광로에 석회석을 넣는다.

가야포는 통일신라 때 당나라에 설치된 신라방(新羅坊)처럼 가야 사람들의 집단 거주지 혹은 국제교역항으로 판단된다. 선사시대부터 줄곧 새만금을 무대로 융성한 전북 해양문화의 역동성과 국제성을 일목요연하게 수놓은 곳이다. 호남평야에서 생산된 풍부한 물산이 한데 모이는 집산지로 전북 서해안에서 패총의 밀집도가 월등히 높다. 우리나라에서 해양문화가 융성하였던 곳으로 부안 궁안리 토성 등 10여 개소의 관방유적도 집중 배치되어 있다.

1980년대까지만 해도 부안군 계화면 궁안리 용화

동마을에 말무덤이 있었다고 한다. 이 마을 북쪽을 감싼 구릉지 정상부에 5기 내외의 말무덤이 있었다고 하며, 말무덤은 마한계 분구묘로 무덤의 주인공이 마한의 지배자로 알려졌다. 엄밀히 말하면 말무덤은 마한의 왕무덤이다. 말무덤이 가야포에 있었다면 일찍부터 해양문화가 융성하였던 마한의 중심지였다. 마한의 핵심세력은 해양세력으로 동진강 하구 가야포는 마한의 거점이었다.

동진강 하구 가야포에서 동진강 내륙수로를 이용하면 호남정맥 가는정이까지 손쉽게 도달한다. 정읍시 산외면과 임실군 운암면 경계를 이룬 가는정이는 전북 동부에서 서해안으로 갈 때 대부분 넘던 고개이다. 이 고개 동쪽 운암면 운정리는 섬진강 유역에서 사통팔달하였던 교통의 중심지로 장수군으로 이어진 옛길이 나뉘는 분기점이다.

호남정맥 경각산 봉화에서 시작하는 임실 봉화로가 장수군으로 이어지는 옛길을 따라 이어져 있다. 임실 봉화로가 시작되는 임실 경각산 봉화 남쪽 불재는 만경강 유역에서 섬진강 유역으로 진입하는 큰 관문이었다. 새만금 고속도로 건설 구간 내 전주 원당동 유적에서 30여 개소의 가야계 수혈식 석곽묘가 이를 방증한다.

 백제 무령왕(武寧王)은 가야로 넘어간 백제 백성의 귀국을 종용하였다. 100년 이상 기간을 소급하여 죄를 묻지 않는 이른바 쇄환책(刷還策)이었다. 전주 원당 유적에서 그 존재를 드러낸 가야계 수혈식 석곽묘는 가야에서 고국 백제로 돌아온 백제 백성들이 잠든 분묘유적이 아닌가 싶다.

 전북 서해안의 갯벌을 다진 토판염(土版鹽)에서 생산된 소금이 광범위하게 널리 유통되지 않았을까? 지금까지 한반도에서 학계에 보고된 600여 개소의 패총 중 200여 개소가 새만금 일원에 모여 있다. 오늘날 쓰레기장과 그 의미가 똑같은 패총은 새만금의 해양문화가 번창하였음을 반증한다. 다시 또 전북의 동철서염의 잠재성과 역동성을 떠올리게 한다.

 전북 동부 제철유적에 굴이나 조개껍질을 공급하던 동진강 하구 가야포는 철의 왕국 전북가야를 탄생시킨 한반도 해양 거점이었다. 동시에 가야포 등 새만금 일원에서 생산된 소금이 기문가야와 반파가야에 공급되던 소금 길이 아닌가 싶다. 장수군 장계분지에서 가야포까지 솔트 로드 혹은 아이언 로드 복원을 위한 현장답사가 추진되었으면 한다.

05
장수 대적골 제철유적과 가야토기

  우리나라에서 학계에 보고된 제철유적은 대략 700여 개소에 달한다. 전북 동부는 300여 개소로 그 수가 월등히 많아 달리 제철유적 보고로 세간(世間)의 이목을 집중시켰다. 엄밀히 말하면 전북 동부는 지붕 없는 제철유적 박물관이다. 반파가야의 영역에서 250여 개소의 제철유적이 발견되어, 반파가야와의 연관성을 고증하기 위해 학술 발굴조사가 기획되었다.

  장수 명덕리 대적골 제철유적이 학술 발굴조사 대상지로 최종 선정되었다. 백두대간 장수 덕유산 서쪽 대적골에 제철유적이 자리하고 있으며, 장계면 명덕리 동명마을 주민들은 대적골을 큰 도둑이 숨어든 골짜기라고 아주 부정적으로 인식하고 있다.

  2015년 국립군산대학교 고고학팀이 자체 지표조사에서 그 존재가 처음 발견되었고, 전주문화유산연구원이 제철유적의 역사성을 고증하기 위한 학술 발굴조사를 맡았다. 장수 명덕리 대적골 제철유적이 빛을 보게 된 것은 두 기관의 합작품이다.

전북 동부 제철유적 중 대적골 제철유적의 규모가 가장 크다. 사실 슬래그는 제철유적의 존재를 넌지시 암시한다. 슬래그는 용광로에서 철광석을 녹여 철을 생산하는 과정에 생긴 불순물이다. 비록 불순물이지만 그 의미는 대단하다.

어떤 계곡에서 슬래그가 발견되었다면 그곳에 포항제철과 같은 제철유적이 존재한다는 시그널이다. 장수 대적골 입구 신기마을에서 위쪽으로 2.1km 구역에 슬래그가 산재되어 있다. 한반도에서도 초대형급으로 대적골 지명에는 큰 보물단지라는 의미가 숨어 있다.

장수 대적골 제철유적은 워낙 범위가 방대하여 다섯 개 구역으로 나누어 발굴조사가 진행되었다. 모두 네 차례의 학술 발굴조사는 전주문화유산연구원 주관으로 대적골 중심부에 위치한 다지구와 라지구를 대상으로 집중적으로 이루어졌다.

그 이유는 대적골 중단부에 위치하고 있으면서 평탄지가 가장 넓고 반달모양 채석장이 자리하고 있었기 때문이다. 라지구는 제철유적이 문을 닫고 그 위에 절이 들어서 절골로도 불린다. 놀랍게도 제철유적 위에 절이 들어선 것이다.

라지구에서 가야토기가 출토되었다. 조선 초 절터가 제철유적 위에 들어서 발굴단이 발굴조사를 진행하는 데 어려움이 적지 않았다. 절터 바로 아래 후백제 문화층에서 청동제 소형 동종과 후백제 기와편이 다량으로 출토되었다. 후백제 기와는 대부분 붉게 산화되어 기와를 얹은 건물이 화재로 소실된 것으로 추정된다. 어디서나 후백제 기와만의 큰 아픔이다.

후백제 문화층 아래에서 가야토기가 출토되었다. 라지구 바닥면으로 반파가야에 의해 라지구의 평탄지가 조성되었음을 말해준다. 아직 발굴조사가 이루어지지 않은 라지구 아래쪽에도 슬래그가 폭넓게 흩어져 있는데, 모든 제철유적은 아래쪽에서 위쪽으로 올라가면서 조성되었다.

반파가야 문화층 위에 후백제, 조선 등 후대의 문화층이 서로 포개어져 발굴조사를 진행하는데 본래 계획보다 더 많은 시간이 걸렸다. 그것은 장수 명덕리 대적골 제철유적에서 철 생산이 오랜 기간에 걸쳐 이루어졌음을 말해준다.

라지구에서 나온 가야토기는 그 존재만으로도 커다란 의미를 지닌다. 가야토기는 물결무늬가 아주 조잡하게 시문된 반파가야에서 직접 만든 것이다. 반파가야는 백제 영역으로 진출 이후 철의 생산과 유통이 중단되자 급기야 가야토기를 직접 만들기 시작한다. 장수 삼고리 고분군에서 가장 늦은 단계의 가야 무덤과 장수 오성리 봉화 출토품과 유물의 속성이 거의 흡사하다.

전북 동부에 가야 봉화망을 구축하려면 국력이 꼭 뒷받침되어야 하는데 당시 국력의 원천은 철산개발이었다. 장수 대적골 제철유적에서 가야 봉화 출토품과 흡사한 가야토기가 출토됨으로써 반파가야의 철산개발이 유물로 다시 검증되었다. 백두대간 동쪽 영남에서 만든 최상급 가야토기편도 포함되어 있기 때문에 대적골 제철유적의 시작이 더 올라갈 것으로 점쳐진다.

우리나라 단일 지자체 중 가장 많은 제철유적이 발견된 곳이 무주군이다. 백두대간을 품은 무주군은 전형적인 산간지대로 다른 지역에 비해 제철유적을 찾는 지표조사도 활발하게 이루어졌다. 이제까지 무주군에서 그 존재를 드러낸 제철유적은 120여 개소로 남대천과 원당천, 구량천 유역에 밀집 분포되어 있다. 무주군 설천면이 60여 개소로 그 수가 가장 많다.

무주군은 대규모 철산지로 10여 개소의 봉화가 반파가야의 영역이었음을 방증한다. 가야계 소국 반파가야가 신라 변방(邊方)에 참혹한 피해를 준 것으로 문헌에 등장하는데, 신라의 변방은 무주군 일대 철산지로 추측된다. 전 세계적으로 철은 갈등의 빌미와 전쟁의 도화선이 되었다.

 무주군에서 가야 봉화가 배치된 지역만 반파가야의 영역에 포함시켰으며, 아직껏 신라 영역에서는 한 개소의 봉화가 발견되지 않았다. 그것은 신라가 반파가야와 달리 봉화를 운영하지 않았음을 말해준다. 그만큼 봉화는 반파가야의 상징이자 전유물이다.

 무주 대차리 고분군 학술 발굴조사로 5세기 말엽 경 무주군 철산지로 신라의 진출도 고고학 자료로 확인되었다. 475년 백제가 공주로 도읍을 옮긴 이후에도 정치 불안이 계속되자, 신라는 나제동맹(羅濟同盟)을 저버리고 백두대간 덕산재를 넘어 철산지 무주군 일대로 진출하였다. 그리하여 남대천을 중심으로 남쪽에는 무주 당산리 산성에 가야 봉화가, 북쪽에는 신라 토기가 수습된 무주 주계고성이 배치되어 있다.

06
전북 동부 봉화망 구축, 반파가야

1) 반파가야 철산개발로 융성하다

고고학에서는 능(陵)과 총(塚)을 엄격하게 구분해서 사용한다. 능은 왕과 왕비가 잠든 대형 무덤으로 그 피장자가 누구인지 알아야 한다. 1971년 지석(誌石)을 통해 무덤의 주인공이 밝혀진 공주 무령왕릉(武寧王陵)과 고려·조선 왕릉이 가장 대표적이다.

총은 무덤의 피장자가 파악되지 않은 왕릉급 대형 무덤으로 경주 황남대총(皇南大塚)과 천마총(天馬塚), 가야 고총이 여기에 속한다. 백두대간 서쪽 금강 최상류에 위치한 장수군에서 240여 기의 가야 고총이 발견되었다. 본래는 훨씬 더 많았을 것으로 생각된다.

가야 고총은 봉분의 직경이 20m 내외 되는 대형 무덤으로 그 주인공이 지배자 혹은 지배층이다. 그리고 가야계 소국의 존재를 확증해 주는 유일무이한 고고학 자료로 사방에서 한눈에 잘 조망되는 산등성이에 그 터를 잡았다. 일부러 봉분을 산봉우리처럼 훨씬 크게 보이게 함으로써 지배자의 권위와 권력을 극대화하려는 정치적인 목적이 담겼다. 1500년 전 반파가야의 존재와 근본도 가야 고총에 그 근거를 두었다.

5세기대 반파가야가 비약적으로 발전한다. 좀 더 구체적으로 5세기 3/4분기까지 최전성기를 이루었다. 장수 삼고리 고분군에서 그 발전상이 명백하게 검증되었다. 여기서 꼭 명심해야 할 것은, 장수 삼고리 고분군은 반파가야의 지배층이 아닌 백성들이 잠든 안식처라는 사실이다.

그럼에도 불구하고 장수 삼고리에서 쏟아진 토기는 전국적이다. 가야를 비롯하여 마한과 백제, 신라의 토기류를 거의 다 모아 '삼국시대 명품 토기 박물관'을 연출하였다. 동시에 반파가야의 국가 핵심 산업이 토기 생산이 아니라는 역사적인 사실도 반증한다.

장수 노하리에서 밝혀진 마한의 이야기가 장수 삼고리에서도 계속된다. 장수 삼고리 2호분에서 나온 유공광구장경호는 영산강 유역 마한을 상징하는 핵심 유물이다. 동남아시아에서 만든 오색옥(五色玉)도 마한과 문물교류의 증거물로 가야 영역에서 한 점만 출토되었다. 영산강 유역 마한과 교류 관계가 돈독하였음을 유추해 볼 수 있다.

동진강 하구 가야포는 마한의 해양 거점이자 굴이나 조개껍질 산지로 또 다른 반파가야의 동반자였다. 만약 반파가야가 제철유적에서 철을 생산할 때 제연로에 반드시 넣어야 할 첨가제가 굴이나 조개껍질이다. 가야 사람들이 무역상으로 가야포에 넘쳐났을 것으로 추정된다.

장수 삼고리에서 최상급 백제토기가 상당수 출토되었다. 장수 삼고리 9호 토광에서 나온 파수부배는 백제 영역에서도 출토량이 많지 않은 특수 기종이다. 장수 삼고리 8호분 횡병은 최상급 백제토기로 그 속성이 군산 산월리, 부안 죽막동 출토품과 흡사하다.

금강 최상류에 지역적인 기반을 둔 반파가야가 가야계 소국으로 발전하는데 백제의 영향력이 지대하였음을 알 수 있다. 백제 사람들이 가야로 이주한 것으로 문헌에 등장하는데, 문헌 속 가야는 전북 동부 철산지를 가리킬 개연성이 높다.

반파가야의 무덤에서 최상급 신라토기도 출토되었다. 장수 삼고리 반파가야 무덤에서 몇 점의 신라계 뚜껑 있는 고배가 나왔는데, 그 시기는 5세기 중엽 경이다. 전북 동부에서 나온 신라토기 중 그 시기가 가장 앞선다. 무주 대차리에서는 신라 무덤에서 신라토기가 다량으로 쏟아져 철산지로 다시 태어난 무주군 일대로 신라의 진출을 유적과 유물로 알렸다. 동시에 반파가야가 무주군 철산지에서 신라와 충돌하였음을 알려준다.

반파가야의 무덤에서 가장 많이 나온 토기류는 역시 가야토기이다. 경북 고령 대가야를 중심으로 소가야, 아라가야, 비화가야 등 가야토기가 대부분 망라되어 있다. 반파가야의 백성들 무덤에서 출토되었음에도 불구하고 가야토기는 대부분 최상급이자 걸작품이다.

더욱이 대가야 토기의 비율이 가장 높은 것은 반파가야와 대가야의 경제교류가 왕성하였음을 말해준다. 백두대간 육십령이 당시 대가야 등 영호남 교류의 관문이자 통로로 추정된다. 영호남의 화합과 상생을 상징하는 '동서화합 가야 이음터'도 육십령에 조성될 예정이다.

장수 삼고리는 명품 백화점을 떠올리게 한다. 그 당시 경제는 돈으로 매매하지 않고 직접 물건과 물건을 맞바꾸는 물물교환(物物交換)이었다. 다시 말해 현물경제이자 실물경제였다. 아무리 생각해도 삼국의 최상급 토기를 거의 다 모은 것은 철의 생산과 유통을 암시한다.

당시에 철은 국가 운영의 근간으로 소비자가 철산지를 직접 방문해서 철을 구입하였기 때문에 철산지는 대부분 최상급 유물 전시장을 만들었다. 하얀색으로 통하는 소금도 마찬가지다. 군산 산월리 백제 고분군도 유물이 전국구로 그 자양분(滋養分)은 소금이 아닌가 싶다.

장수군 장계면 명덕리 대적골 제철유적 맨 아래층에서 가야토기편이 출토되어 반파가야의 철산개발을 유물로 입증하였다. 장수 장계리 8호분에서 나온 망치와 모루, 집게 등 단야구(鍛冶具)는 철 가공의 증거물이다. 장수 동촌리 19호분에서 나온 말발굽은 반파가야 철의 가공을 유물로 다시 또 알렸다. 장수 대적골 제철유적에서 가야토기가 출토되었고, 가야 고총에서 단야구와 철제품이 나와 반파가야가 철의 왕국이었음을 실증해 주었다.

반파가야는 5세기 3/4분기까지 아이언 네트워크를 구축함으로써 역동성과 다양성, 국제성으로 상징된다. 초기 철기시대 장수 남양리에서 처음 시작된 철기문화가 마한을 거쳐 반파가야까지 지속된 것 같다. 반파가야의 고총에서 나온 단야구와 말발굽, 대적골 제철유적에서 출토된 가야토기가 이를 뒷받침한다.

2) 반파가야, 백제 영역으로 진출

주지하다시피 봉수(烽燧)와 봉화(烽火)는 국가의 존재와 국가의 영역을 대변한다. 일본열도를 포함하여 전북 동부에서만 120여 개소의 가야 봉화가 발견되어, 여기에 근거를 두고 전북가야라는 신조어를 만들었다. 이 용어에는 학술적인 의미는 아예 없고 대중적이고 홍보적인 의미만을 담고 있다.

가야 봉화는 조선 봉수와 그 구조가 완전히 다르고, 최종 종착지도 장수군 장계분지로 밝혀졌으며, 이곳은 전북 동부 가야문화의 심장부이다. 지금도 국립군산대학교 가야문화연구소에서 가야 봉화를 찾는 자체 프로젝트가 계속되고 있기 때문에 봉화의 수가 더 늘어날 것으로 예측된다.

백제는 고구려 장수왕(長壽王)의 남하정책으로 개로왕의 전사와 한성의 상실로 불가피하게 공주로 도읍을 옮긴다. 그러나 반파가야는 대규모 철산개발로 국력을 더욱 신장시켜 최대의 전성기를 보내고 있었다.

백제가 공주로 도읍을 옮긴 이후에도 백제의 정치 불안이 계속되자 반파가야는 백제 영역으로 진출한 뒤 백제의 동태를 살피기 위해 가야 봉화망을 구축하였다. 반파가야가 백제의 국난을 함께 나누지 않고 극단적인 선택을 단행한 것이다.

전북 동부 봉화의 구조가 심층적으로 파악되었다. 먼저 산봉우리 정상부를 평탄하게 다듬고 길이 8m 내외의 봉화대를 만들었다. 봉화대는 그 평면 형태가 대부분 장방형으로 할석(割石)을 가지고 허튼층 쌓기로 벽석을 쌓았다. 봉화대 정상부에는 불을 피우던 한 개소의 봉화 시설만 두어 다섯 개소의 연조를 둔 조선시대 연변봉수와 완전히 다르다.

봉화대는 횃불을 올리던 봉화 시설이 한 개소로 그 축조 재료에 따라 석축형, 암반형, 토축형으로 세분된다. 석축형이 가장 앞서고 암반형과 토축형이 석축형보다 얼마간 늦다. 다행히 봉화대의 선후관계가 학술 발굴조사로 검증되었다.

반파가야는 최전성기 때 금남정맥을 넘어 완주군 동북부로 진출하여 만경강 유역에 석축형 봉화대를 집중 배치하였다. 그리하여 전북 동부에서 봉화대의 축조기법이 가장 정교하다. 한반도에서 산성 및 봉화의 밀집도가 가장 높은 전략상 요충지로 제철유적도 많은 철산지였다.

　모두 여덟 갈래로 복원된 가야 봉화로의 최종 종착지는 장수군 장계분지이다. 충남 금산군, 전북 완주군·무주군·진안군·임실군·순창군, 남원시 운봉읍에서 각각 봉화로가 시작되고 장수군 장계분지에서 끝난다. 그리하여 장계분지는 봉화 왕국 반파가야의 도읍지다.

　장수군 장계분지 내 가야 정치체의 존재가 고고학 자료로 입증되었다. 장수군 일원에는 봉분의 직경이 20m 내외 되는 240여 기의 가야 중대형 고총이 모여 있다. 가야 고총은 봉분의 아래쪽 부분이 서로 붙은 연접분으로 둘레돌을 두르지 않고 도랑을 두른 마한의 묘제는 가장 늦은 시기까지 지속되었다. 목관에 사용된 ㄷ자 모양 꺾쇠도 반파가야의 고총에서 나왔다. 백두대간 서쪽에서 유일하게 반파가야가 가야계 소국의 핵심 조건을 충족시켰다.

　반파가야는 계남면 침곡리 고기마을에서 장계면 삼봉리 탑동마을로 중심지를 이동하였던 것 같다. 장계분지에서 가장 넓은 곳으로 왕궁터를 옮겼다. 장수 백화산 가야 고총은 추정 왕궁터 부근 산자락에 무리 지어 있는데, 유물은 거의 출토되지 않았다.

일제강점기 오구라 세이지가 땅을 매입하고 사람들을 고용하여 도굴하였기 때문이다. 우리나라에서 도굴의 피해가 가장 극심한 분묘유적으로 반파가야의 발전상을 역설적으로 반증한다. 아마도 당대 국보급 유물들이 반파가야의 고총에 부장되지 않았을까?

백제 영역으로 반파가야의 진출로 금강과 섬진강 유역에서 가야계 수혈식 석곽묘가 등장한다. 진안 황산리, 임실 금성리·석두리, 순창 구고리, 남원 고죽동 등이 가장 대표적이다. 그러나 이들 지역에서는 가야고총이 발견되지 않았다.

전북 동부 관방유적을 통해서도 반파가야의 진출을 방증한다. 반파가야와 백제의 국경에 위치한 백제계 진안 와정토성이 문을 닫고, 그 부근에 가야계 산성이 들어선다. 진안군 용담면 월계리 산성으로 문헌의 대산성(帶山城) 핵심 조건을 충족시켰다. 이 산성은 백제 고산성(古山城)으로도 불린다.

그러나 만경강 유역에서는 익산 장경호 등 가야토기가 출토되었지만 가야계 분묘유적이 발견되지 않았다. 그 이유는 가야의 지배 기간이 너무 짧았기 때문이다. 또 다른 것은 가야계 분묘유적을 찾는 지표조사가 미진한 것과도 무관하지 않다.

잘 아시다시피 철(鐵)은 『염철론(鹽鐵論)』에서 부(富)와 국력의 원천으로 통한다. 그리하여 철광석을 녹여 철을 생산하던 제철유적은 최고의 생산유적으로 통한다. 반파가야는 철산개발로 부국강병(富國强兵)을 실현한 뒤 전국에 봉화망을 구축하였다. 따라서 제철유적과 봉화는 서로 불가분의 상생 관계로 바늘과 실을 연상시킨다.

봉화 왕국 반파가야가 백제의 정치 불안을 틈타 백제 영역으로 진출하여 봉화망도 철벽같이 구축하였지만 멸망의 단초가 되었다. 따라서 봉화는 반파가야의 희로애락(喜怒哀樂)이 내포되어 있다. 전북 동부 가야 봉화망과 제철유적은 한 몸으로 밝혀졌기 때문에 그 역사성을 검증하기 위한 추가 학술 발굴조사가 요망된다.

3) 전북 동부 봉화 찾기 프로젝트

흔히 '지명은 역사다'라는 세상의 격언이 있다. 지명 속에 그 지역의 역사와 문화가 함축적으로 담겨있다는 뜻이다. 장수군 등 전북 동부에 봉화산(烽火山)이 많아도 너무 많다. 필자가 봉화산의 미스터리를 풀기 위해 수많은 문헌을 뒤져봐도 옛 지도를 아무리 꼼꼼히 살펴봐도 봉화산의 비밀을 풀 수 없었다. 조선시대 봉수 연구에서도 전북 동부 봉화산은 한 번도 초대를 받지 못하였다.

1993년 필자가 국립군산대학교 박물관으로 근무지를 옮기고 봉화산과의 인연이 더욱 깊어졌다. 그해 장수군 문화유적의 현황과 그 보존 실태를 파악하기 위한 지표조사를 추진하면서 반파가야와 첫 인연을 맺었다. 거의 운명적인 만남이었다.

장수군 천천면 삼고리 삼장마을 한홍석 옹의 제보가 반파가야를 온 세상에 알리는 첫 마중물이 되었다. 가야 사람들이 남긴 매장문화유산 관심과 사랑에 경애심을 표한다. 장수군 어디에서도 국보급 발견 매장 문화유산이 나올 거라는 기시감(旣視感)을 꼭 떠 올렸으면 한다.

백두대간 산줄기가 가야 영역의 서쪽 경계를 이루었다는 선학들의 가르침을 다시금 떠올렸지만, 장수군은 엄연히 백두대간 서쪽에 위치한다. 금강 발원지 신무산 뜬봉샘도 거느린 금강 최상류로 어르신의 제보로 가야의 영역을 금강 유역으로까지 넓혔다.

1993년 필자 혼자 배낭을 메고 장수군 산하를 누비면서 또 다른 봉화산을 더 만났다. 백두대간 육십령 북쪽 봉화산성을 비롯하여 봉화봉, 봉화골, 봉화터, 봉화재 등 봉화와 관련된 지명이 차고 넘쳤다. 장담컨대 장수군은 지명으로 봉화 왕국이었다.

아무리 고고학자가 고단한 지표조사로 고고학 자료를 산더미처럼 쌓아 놓아도 그 역사성의 검증은 오직 발굴조사가 유일하다. 만약 유적에 대한 발굴조사가 이루어지지 않으면 그 역사성은 극히 제한적이고 한정적이다. 따라서 학자나 학계에서는 거의 관심을 가지지 않는다.

다행히 그 이듬해 국립군산대학교에서 발굴비를 지원해 주어 백두대간 서쪽 장수 삼고리 고분군에서 검증된 고고학 자료로 반파가야를 다시 만날 수 있었다. 이곳은 반파가야의 백성들이 잠든 안식처로 '명품 토기 박물관'을 연출함으로써 2021년 전북특별자치도 기념물로 지정되었다.

장수 삼고리 고분군 동남쪽 산봉우리가 장수 봉화산으로 전북 동부에서만 그 존재를 드러낸 120여 개소의 봉화를 온 세상에 알린 명산이다. 전주대학교 박물관 주관 학술 발굴조사에서 가야 봉화가 확인되어 봉화산이라는 지명이 생긴 것 같다.

1996년 국립군산대학교 역사학과가 신설된 첫해부터 고고학을 하겠다는 학생들이 줄을 이었다. 전북가야사는 영남의 영향을 받아 분묘유적을 중심으로 연구가 시작되어, 전북 동부에서 그 존재를 드러낸 가야 중대형 고총은 400여 기 이상이다.

2023년 남원 유곡리와 두락리 고분군이 세계유산에 등재되었는데, 유네스코에서 파견한 세계유산 심사단은 전북가야 고총의 원형 보존에 매료되어 최고로 평가하였다. 모두 90여 기의 가야 고총이 무리 지은 장수 동촌리 가야 고분군도 국가 사적으로 승격되었다.

해마다 고고학을 하겠다는 학생들이 많아져 관방유적과 통신유적, 생산유적으로 그 영역을 조금씩 넓혔다. 그리하여 빅데이터에 의하면 가야계 유물은 영남에, 유적은 전북에 모여 있다는 놀라운 결과가 나왔다. 전북 동부는 지붕 없는 가야 박물관이다.

모든 고고학자들의 로망은 발굴조사다. 전북에서는 마한과 백제에 대한 역사 인식이 너무 강해 가야에 대한 행정당국의 인식 부족으로 발굴조사가 쉽지 않았다. 그렇지만 고고학자들의 열정과 끈기로 봉화를 찾고 알리는 지표조사는 더 왕성하게 추진되었다.

국립군산대학교 고고학팀 주관으로 전북 동부 봉화 찾기 프로젝트는 가야사 연구에서 첫 데자뷰(deja vu) 였다. 30여 년 동안 고고학자들이 봉화를 찾기 위해 수백 개 이상의 산봉우리를 오르고 또 올랐다. 지금도 봉화 찾는 산행은 계속되고 있다.

봉화산 등 일부 지명을 제외하면 전북 동부 봉화를 소개하는 국내 문헌 기록이 전혀 없었기 때문이다. 아마도 고고학자들이 봉화를 찾으면서 전북 동부 산하에 쏟은 땀방울은 진안 용담댐을 가득 채웠을 것이다. 그만큼 봉화를 찾는 지표조사는 더없이 고단하고 고달픈 일이다.

2015년 전북 동부 봉화의 긴 잠을 깨우는 학술 발굴조사가 시작되었다. 국가유산청에서 긴급 발굴비를 지원해 주어 백두대간 산줄기에 그 터를 잡은 봉화산·영취산 봉화가 발굴조사 대상지로 선정되었다. 지성이면 감천이라고 하늘이 도운 것이다.

백두대간 등산로가 봉화산과 영취산을 통과함에 따라 해마다 유적이 심하게 훼손되고 있었다. 당시 발굴조사에서 물결무늬가 시문된 가야토기가 봉화산에서 출토되어 적지 않은 성과를 거두었다. 전북 동부 봉화의 첫걸음이 가야로 내딛었다.

2017년 100대 국정과제에 가야가 초대를 받아 전북 동부 봉화의 역사성이 상당 부분 고증되었다. 전북특별자치도 등 행정당국에서 예산을 최초로 편성함으로써 봉화로를 복원하기 위한 지표조사와 봉화의 운영 주체를 검증하기 위한 학술 발굴조사도 병행되었다.

장수 봉화산 등 10여 개소의 봉화 발굴조사에서 커다란 성과를 거두었고, 모두 여덟 갈래의 봉화로도 복원되었다. 지금은 전북 동부 봉화에서 축적된 고고학 자료를 문헌에 접목시켜 장수가야의 본래 나라의 이름을 찾는 학계의 연구도 활발하다.

전북 동부 봉화의 완전성을 위해 제철유적을 찾고 알리는 지표조사도 추진되었다. 삼국시대 전국에 봉화망을 구축하려면 반드시 국력이 뒷받침되어야 한다. 앞에서 이미 언급하였듯이 반파가야는 유적과 유물로 검증된 참 철의 왕국이었다.

국립군산대학교 고고학팀에 의해 전북 동부에서 발견한 제철유적은 그 수가 300여 개소에 달한다. 전북 동부 거의 모든 골짜기를 샅샅이 뒤진 고단한 지표조사 때 무한한 격려와 성원을 보내준 장수군민과 무주군민들에게 큰 경의를 표한다.

어떤 제철유적도 원료인 철광석과 연료인 숯, 첨단 기술 등 세 가지 핵심 조건이 반드시 충족되어야 한다. 전북 동부는 철분의 함유량이 월등히 높은 흑운모 편마암, 이암 등 철광석이 광범위하게 매장되어 있다. 여기에 숯을 생산하던 숯가마가 많아 달리 숯가마 왕국으로도 불린다.

기원전 2세기 말엽 경 첨단기술의 전파도 장수 남양리에서 유적과 유물로 검증되었다. 그럼에도 불구하고 장수군 등 전북 동부는 한결같이 낙후(落後) 혹은 오지(奧地)로만 회자되고 있다. 전북 동부의 근본과 뿌리를 심층적으로 잘 이해하려면 우리들의 역사 인식이 바뀌어야 한다.

일본열도를 포함하여 전북 동부에서만 고대 봉화가 발견되었다. 누가 뭐래도 전북 동부 가야문화유산의 백미는 봉화다. 완주 탄현, 장수 오성리 봉화봉, 무주 당산리 봉화가 학술 발굴조사로 역사성과 진정성, 완전성을 인정받아 전북특별자치도 기념물로 지정되었다.

전북특별자치도를 비롯하여 장수군, 임실군, 무주군 등 7개 시군의 발굴비 지원과 도민들의 봉화 사랑에 큰 감사를 드린다. 전북 동부 봉화 발굴조사에서 산더미처럼 쌓인 고고학 자료를 문헌에 접목시켜 봉화의 운영 주체를 조명하기 위한 학술대회가 추진되었으면 한다.

4) 전북 동부 봉화망과 반파가야

우리나라 봉수제(烽燧制)의 시작은 문헌에 고려시대로 나온다. 고려 의종 3년(1149) 조진약의 상소로 봉수제가 시작되었다. 조선시대 때는 고려시대 봉수제를 계승하여 다섯 갈래 봉수로를 구축하였는데, 장수군 등 전북 동부는 봉수제와 무관한 지역이다. 그럼에도 불구하고 한반도에서 봉화산의 수가 가장 많아 몹시 답답하고 궁금하였다.

1990년대부터 국립군산대학교 고고학팀이 전북 동부 봉화 찾기 프로젝트를 꾸준히 펼쳐 120여 개소의 봉화가 발견되었고, 모두 여덟 갈래의 봉화로도 복원되었다. 지금은 전북 동부에서 축적된 고고학 자료를 문헌에 접목시켜 결론을 도출하는 역사고고학의 연구 방법으로 봉화의 운영 주체 및 운영 시기를 다시 조명하고 있다.

조선시대 봉수는 낮엔 연기로 밤엔 횃불로 변방의

위급한 상황을 급히 중앙에 알리던 통신제도이다. 그러나 전북 동부에서만 그 존재를 드러낸 봉화는 낮이건 밤이건 횃불만으로 신호를 주고받아 조선시대 봉수와 뚜렷한 차이를 보인다.

그리하여 조선 봉수를 가야 봉화로, 조선 봉수로를 가야 봉화로, 연대를 봉화대, 거화 시설을 봉화 시설 혹은 봉화구라고 새로운 용어도 만들었다. 이제 막 봉화 연구의 첫걸음마가 내놓은 전문 용어들이다. 그렇지만 여전히 부족한 부분이 적지 않아 추가 논의가 불가피하다.

전북 동부 봉화의 구조와 봉화 시설의 유형도 파악되었다. 아직은 다른 지역에서 봉화가 전혀 학계에 보고되지 않아 지역간 논의가 이루어지지 않았다. 봉화는 산봉우리 정상부를 평탄하게 다듬고 불을 피우던 봉화 시설을 두었는데, 봉화대는 석축형·암반형·토축형으로 나뉜다.

석축형은 허튼층쌓기 방식으로 벽석을 쌓은 장방형 봉화대로 그 길이가 대체로 8m 내외이다. 장수 오성리 봉화봉을 제외하면 대부분 봉화대의 보존상태가 양호하지 않다. 암반형은 자연 암반을 평탄하게 다듬었으며, 토축형은 흙을 단단하게 다져서 장방형의 봉화대를 만들었다.

　모든 봉화대에서 불을 피우던 봉화 시설은 한 개소만 확인되었다. 석축형은 두 매의 장대형 석재를 약간 간격을 벌려 나란히 놓고 원형으로 경계석을 둘렀다. 진안 서비산 암반형 봉화는 앞쪽이 둥글고 뒤쪽이 네모나게 자연 암반을 더 파내어 봉화구를 만들었는데, 봉화구는 앞쪽이 깊고 뒤쪽이 낮다.

　임실 봉화산 토축형 봉화는 암반형 봉화구와 그 평면 형태가 흡사한 것으로 밝혀졌지만, 아직도 그 구조와 축조기법이 고증되지 않았다. 또 다른 토축형 봉화의 학술 발굴조사로 봉화대의 축조기법 및 봉화 시설의 구조가 더 상세하게 파악되었으면 한다.

　40년 이상의 지표조사 자료로 전북 동부에서 여덟 갈래의 봉화로가 복원되었다. 충남 금산군, 전북 완주군·무주군·진안군·임실군·순창군, 남원시 운봉읍에서 각각 봉화로가 시작된다. 모든 봉화로의 최종 종착지가 장수군 장계분지로 반파가야의 도읍지다.

　장수 월곡리 봉화산 봉화 등 8개소의 봉화가 장수군 장계분지를 삼엄하게 감시한다. 이들 봉화의 배치 상태가 봉화로의 종착지였음을 뒷받침한다. 여기에 근거를 두고 장수군 장계분지가 봉화로의 최종 종착지로 입증되었다. 가야 정치체의 존재도 다양한 고고학 자료로 실증되었다.

장수 삼봉리 산성에서 모든 봉화의 정보가 하나로 취합되었다. 이 산성은 산정식(山頂式)으로 그 평면 형태가 장타원형이며, 산봉우리 정상부에는 장방형 봉화 시설을 두었다. 성벽은 판석형 할석을 가지고 허튼층쌓기 방식을 적용하여 쌓아 봉화대의 벽석 축조기법과 거의 같다. 6세기를 전후한 시기의 가야토기와 방사성 탄소 연대 측정 결과는 5세기 1/4분기부터 6세기 2/4분기로 나왔다. 그 결과는 문헌의 내용과 거의 일치한다.

장수군 장계분지에서 가야 정치체의 존재가 입증되었다. 장수 삼봉리 산성 북쪽 장계면 삼봉리 탑동마을에 추정 왕궁터가 있는데, 이곳은 자생풍수에서 최고의 혈처로 연꽃봉우리 혹은 상현달의 지형을 이룬다. 지리산 달궁계곡 내 마한왕의 달궁터와 함께 최고의 혈처를 이룬다.

반파가야의 추정 왕궁터 서남쪽에 110여 기의 가야 고총이 무리 지은 장수 백화산 고분군이, 동쪽에는 세 개의 산봉우리에 천지인(天地人)의 우주관을 담은 삼봉리 제의유적이 있다. 계남면 화양리 난평마을 세 개의 알봉도 또 다른 제의유적이다.

　백두대간 육십령 서쪽 기슭에서 발원하는 장계천을 중심으로 북쪽에 장수 삼봉리 제의유적과 남쪽에 태봉이 자리한다. 태봉은 상당히 넓은 평탄지로 조선시대 태(胎)를 묻은 태봉과 차이를 보인다. 모두 두 개소의 제의유적과 함께 반파가야의 아이덴티티(identity)를 실증해 준다.

　주지하다시피 봉화 및 봉수는 국가의 존재와 국가의 영역과 국가의 국력을 대변한다. 전 세계적으로 개인이 봉화 및 봉수를 운영하였다는 사례는 없다. 전북 동부에서 300여 개소의 제철유적이 발견되었고, 장수군 장계면 명덕리 대적골 제철유적에서 가야토기도 출토되었다.

　장수 장계리 8호분 가야 고총에서 망치·모루·집게로 구성된 단야구 세트와 장수 동촌리 19호분에서 말편자도 나와 반파가야의 철 가공 기술을 유물로 실증해 주었다. 말편자는 철제품의 걸작품이다. 확언컨대 전북 동부에 봉화망을 구축한 반파가야는 달리 철의 왕국이었다.

　전북 동부에 구축된 봉화망은 크게 두 가지 목적을 두었던 것 같다. 하나는 백제의 동태 파악에 큰 목적을 두어 국경선을 따라 봉화가 배치되어 있다. 전북 동부의 봉화가 120여 개소로 너무 많은 것은 반파가야와 백제의 잦은 국경선 이동 과정을 말해준다. 만경강 유역에 속한 완주군 동북부는 대규모 철산지로 최대의 격전장이었다. 다른 하나는 제철유적의 방비를 담당함으로써 전북 동부 제철유적의 분포양상과 봉화망이 함께 존재한다.

운봉봉화로는 반파가야와 기문가야의 친선관계를 입증한다. 운봉고원 서남쪽 남원 덕천리 봉화에서 출발하는 운봉봉화로가 백두대간 산줄기를 따라 이어지다가 금남호남정맥 장안산 봉화를 지나 장수군 장계분지 중앙부에 위치한 장수 백화산 봉화에서 멈춘다.

백제가 기문국을 복속시키려고 하자 반파국이 기문국을 지키기 위해 3년 전쟁을 불사하였다는 문헌과의 연관성이 깊다. 전북 동부에 기반을 둔 두 개의 가야계 정치체는 엄밀히 표현하면 혈맹관계였다. 운봉봉화로가 기문가야와 반파가야의 운명적인 만남을 실증한다.

무주봉화로는 신라 감시에 큰 목적을 두었다. 고구려 장수왕의 남하정책으로 백제는 공주로 도읍을 옮기고 한동안 정치 불안에 빠진다. 신라는 나제동맹을 저버리고 백두대간 덕산재를 넘어 무주군 등 금강 유역으로 진출한다. 이 무렵 신라가 백두대간을 넘어 금강 유역으로 진출하였다.

반파가야가 신라 변방에 참혹한 피해를 입힌 것으로 문헌에 나오는데, 이곳은 120여 개소의 제철유적이 밀집 분포된 무주군으로 추정된다. 가야와 백제, 신라의 유적과 유물이 공존하는 무주군은 문헌의 내용을 고고학 자료로 대부분 충족시켰다.

흔히 문화재의 진정한 가치는 그 보존과 활용에 있다고 한다. 백두대간 품속 봉화를 레이저 아트로 활용하였으면 한다. 지금은 태양광 시대로 낮에 태양광으로 생산한 전기를 이용하여 레이저로 ICT(Information & Communication Technology)왕국 반파가야의 봉화가 다시 부활하였으면 한다.

백두대간 봉화 축제로 전북 동부 봉화가 역사 문화 관광자원으로 활용하기 위한 전북특별자치도와 장수군이 큰 뜻을 모아 단기, 중기, 장기 전략이 마련되었으면 한다. 익산장수 고속도로 장수나들목 입구 장수 만남의 광장에 봉화 조형물을 설치한 장수군의 문화 행정에 박수를 보낸다.

전북 동부는 봉화와 제철유적으로 상징되는 첨단과

학의 향연장(饗宴場)이다. 일본열도를 포함하여 전북 동부에서만 그 존재를 드러낸 120여 개소의 봉화는 역사고고학을 통해 가야계 통신유적으로 다시 태어났다. 전북 동부에 반파가야가 남긴 위대한 가야문화유산이다.

더욱이 300여 개소의 제철유적이 전북 동부에서 발견되었고, 장수군 장계면 명덕리 대적골 제철유적 최하층 학술 발굴조사에서 가야토기도 출토되었다. 백두대간 품속 전북 동부는 대규모 철산지로서 가야문화유산의 뱅크이자 인문학의 정원이었다.

5) 장수 삼봉리 산성, 장수 목멱산

전북 동부에서 120여 개소의 봉화가 발견되었다. 지금까지 여덟 갈래의 봉화로가 복원되었는데, 모든 봉화로의 최종 종착지가 장수군 장계분지이다. 금강 최상류에서 가장 넓은 평야가 발달한 곳으로 운봉고원과 함께 전북가야의 정치 중심지다. 장수 백화산에서 뻗은 산자락 정상부에서 120여 기의 가야 고총과 반파가야의 추정 왕궁터도 찾았다.

백두대간과 금남호남정맥에서 갈라진 산줄기가 장

수군 장계분지 사방을 병풍처럼 감싼다. 장수 봉화산 등 8개소의 봉화가 장계분지를 철통같이 조망하고 있는데, 그 중앙에 장수 삼봉리 산성이 위치한다. 여덟 갈래의 봉화로에서 실어 온 변방의 정보를 하나로 취합하던 곳이다. 조선시대 다섯 갈래의 봉수로가 실어 온 모든 정보를 최종 합치던 서울 목멱산(木覓山)과 그 역할이 같다.

백두대간 영취산에서 갈라진 금남호남정맥 산줄기가 장수군을 금강과 섬진강 유역으로 갈라놓는다. 금남호남정맥에서 한 갈래의 산자락이 북쪽으로 계속되다가 백화산에서 그 방향을 동북쪽으로 틀어 장계천까지 이어진다. 이 산줄기 끝자락에 장수 삼봉리 산성이 있는데, 산성은 반파가야의 추정 왕궁터에서 남쪽으로 1.2km 거리를 두었다.

이 산성을 중심으로 서쪽에는 장수 백화산 고분군이, 북쪽에는 반파가야의 추정 왕궁터로 알려진 장계면 삼봉리 탑동마을이 있다. 조선시대 다섯 갈래 봉수로의 정보를 하나로 취합하던 서울 남산, 즉 목멱산과 그 북쪽에 위치한 경복궁 혹은 창덕궁을 떠 올리면 된다.

장계면 삼봉리 남산마을 주민들이 산성을 달리 봉화

봉, 봉화산성으로 부른다고 제보해 주었다. 문헌이 전혀 없는 상황에서 산성의 의미와 역할을 가장 잘 이해할 수 있는 것이 지명이다. 더한층 관심을 끈 것은 봉화봉으로 불리는 산성 북쪽에 반파가야의 추정 왕궁터가 자리하고 있어서 그 의미를 더해준다.

장수군 장계분지를 동쪽에서 서쪽으로 흐르는 장계천 남쪽에 산성이 위치한다. 1970년대까지만 해도 장계천 부근 들판에 수많은 고인돌이 무리 지어 있었다고 한다. 사실상 들판이 고인돌 밭이었다고 한다. 오래전 경지 정리 사업을 추진하면서 고인돌이 사라져 그 흔적을 찾아볼 수 없어 너무 슬프고 안타깝다.

백화산에서 장계천까지 뻗은 산자락 가장 높은 산봉우리에 봉화 시설이 배치되어 있다. 봉화 시설은 산봉우리 정상부를 평탄하게 다듬어 마련하였는데, 당시 불을 피우던 봉화대는 동서로 약간 긴 장방형이다. 전북 동부 봉화에서 파악된 봉화대의 평면 형태와 유구의 속성이 비슷하다.

장수 삼봉리 산성은 산정식으로 둘레 250m 내외의 성벽을 둘렀다. 성벽은 대부분 할석을 가지고 허튼층쌓기 방식을 적용하여 곧게 쌓았는데, 성돌은 그 두께가 일정하지 않다. 성돌을 다시 다듬은 흔적은 확인되지 않았다. 전북 동부 봉화와 산성의 성벽 축조기법이 서로 동일성을 보였다.

봉화 시설 북쪽 기슭에서 목 부분에 밀집 파상문이 희미하게 시문된 6세기 초엽의 가야토기가 출토되어 비상한 관심을 끌었다. 방사성 탄소 연대 측정 결과도 5세기 초엽부터 6세기 중엽 경까지로 반파가야의 존속 기간과 거의 일치한다. 가야 봉화의 연대가 첨단과학의 측정 결과와 일치한다.

장수 삼봉리 산성은 당대의 사회상을 잘 보여준다. 반파가야가 산봉우리 정상부에 봉화 시설을 배치하고 성벽을 한 바퀴 둘렀다. 여덟 갈래 봉화로가 실어 온 변방의 정보를 취합해 왕궁에 보고하였을 것으로 짐작된다. 반파가야가 국력을 바탕으로 봉화제(烽火制)를 운영하였다는 명약관화한 증거이다.

이 산성의 북쪽 기슭에 반달 모양의 계단식 평탄지가 있다. 잘 아시다시피 겨울철 추위로 눈이 잘 녹지 않아 산성의 북쪽 기슭에는 성내 시설을 거의 두지 않는다. 무슨 이유로 북쪽 기슭에 상당히 넓은 평탄지가 조성되었는지 아직은 발굴조사가 이루어지지 않아 단정할 수 없다.

그런데 장수 삼봉리 산성의 역할과 관련이 깊을 것

으로 판단된다. 모두 여덟 갈래의 봉화로가 실어 온 변방의 정보를 하나로 취합해서 산성 북쪽에 위치한 추정 왕궁터에 보고하는 과정에 이용되던 공간으로 추정된다. 이 산성은 모든 봉화로의 정보를 하나로 취합하던 국가시설이었다.

통일신라 때는 봉화 시설 위에 뼈단지를 묻었다. 이곳은 백화산에서 장계천까지 뻗어 내린 산자락 끝 지점으로 음택풍수에서 명당을 이룬다. 뼈단지는 불교 장례 문화의 영향으로 화장한 뒤 뼈를 추려 담아 땅에 매장할 때 사용하던 용기이다. 뼈단지를 묻을 때 봉화 시설이 심하게 훼손된 것으로 추정된다.

후백제는 백두대간과 장계분지의 경관을 조망하기 위해 정자를 지었다. 후백제 문화층에서 차를 가루로 빻는 약연(藥碾)과 문고리, 기와편 등이 출토되어 한 폭의 그림처럼 멋진 정자에 모여 후백제 사람들이 차 문화를 즐겼을 것으로 판단된다.

장수 삼봉리 산성은 반파가야의 국가시설이었다. 전북 동부 여덟 갈래 봉화로가 실어 온 변방의 정보를 하나로 취합하기 위해 산봉우리 정상부에 봉화 시설을 두고 산정식 성벽을 둘렀다. 통일신라 때는 불교 장례문화의 영향으로 뼈단지를 묻었고, 후백제 사람들은 정자를 짓고 차를 즐겼다. 가야의 봉화 시설이 통일신라의 무덤으로, 후백제 때는 정자로 그 역할이 바뀌었다.

6) 반파가야, 백제에 의해 멸망하다

한반도에서 제철유적이 가장 많은 전북 동부는 전쟁이 잦았다. 반파가 기문, 대사의 소유권을 두고 백제와 갈등이 초래되었고, 급기야 513년부터 전북 동부에서 3년 전쟁이 일어난다. 당시에 백제를 이끈 왕은 공주 송산리 중국식 벽돌무덤에 잠든 무령왕이다.

512년 반파가야가 기문가야를 병합시켜 이미 일촉즉발의 전운이 감돌았다. 백두대간 산줄기를 따라 이어진 운봉봉화로가 기문가야의 병합을 증빙한다. 반파가야는 전쟁이 시작되자 전략상 요충지에 산성을 쌓고 봉화망을 더욱 정비하고 확장하였다. 이 무렵 섬진강 유역에서 장수 오성리 봉화봉, 임실 봉화산·경각산·범바우봉, 순창 채계산 등 가야 봉화가 갑작스레 등장한다.

반파가야는 영산강 및 만경강 유역에서 장수군 장계분지로 향하는 옛길을 따라 세 갈래의 봉화로도 새롭게 구축하였다. 섬진강 유역은 토축형과 암반형 봉화대의 비율이 가장 높고 일부 석축형도 그 축조기법이 조잡하여 반파가야가 3년 전쟁 중에 진출하였음을 말해준다.

반파가야는 또한 국력을 쏟아 충남 금산군 일원까지 가야 봉화망을 구축하고 전쟁에 단단히 대비하였지만 끝내 백제에게 패하고 말았다. 그리하여 기문, 대사의 소유권이 백제로 넘어가자 반파가야는 누란(累卵)의 위기와 멸망의 그림자가 드리운다.

그러나 백제 무령왕은 3년 전쟁의 승리로 운봉고원 철산지를 장악함으로써 백제를 중흥의 길로 이끌었다. 백제는 그 여세를 몰아 백두대간 산줄기를 넘어 가야 영역으로 본격 진출과 함께 사비로 도읍을 옮길 수 있는 기반을 굳건히 다졌다.

사실 반파가야가 백제 영역으로 진출한 이후 전북 동부에서 커다란 변화가 일어난다. 삼국시대 최상급 토기 박물관을 연출하였던 반파가야가 급기야 가야토기를 손수 만들기 시작한다. 반파가야가 백제와 적대관계로 인해 철의 생산과 유통이 중단됨으로써 반파가야 철의 장인들이 할 수 없이 가야토기를 만들어야 했기 때문이다. 그리하여 전북 동부 봉화와 명덕리 대적골 제철유적에서 나온 가야토기는 대부분 거칠고 조잡하다.

여기서 그치지 않고 가야계 분묘유적에서 토광묘(土壙墓)가 다시 등장한다. 가야사에서는 굉장히 아이러니한 일이다. 장수 삼고리에서는 봉분 중앙부에 위치한 주석곽(主石槨)을 중심으로 그 주변에 10여 기의 석곽묘와 토광묘가 배치되어 있다. 순장이 아닌 추가장(追加葬)으로 추정된다.

그런데 매장공간의 바닥면 높이가 서로 달라 추가장이 이루어진 것으로 판단되며, 토광묘는 반파가야의 가장 늦은 시기에 다시 등장한다. 모든 가야 영역에서 반파가야만의 강한 지역성이다. 또 다른 반파가야의 독자성을 방증해 준다.

여기서 그치지 않고 반파가야가 신라 변방에 참혹한 피해를 입힌 것으로도 문헌에 나온다. 문헌의 내용을 유적과 유물로 충족시켜 준 곳이 장수군과 등을 맞댄 무주군이다. 신라는 백제의 정치 불안 때 백두대간 덕산재를 넘어 무주군 동북부 철산지를 장악한 뒤 반파가야와 국경을 마주하였다.

백두대간 삼봉산에서 나제통문(羅濟通門) 북쪽 석모산까지 이어진 산줄기와 남대천에서 양국의 국경선이 형성되었다. 남대천을 사이에 두고 무주 당산리 봉화가 남쪽에 무주 대차리 신라 고분군이 북쪽에 자리하며, 남대천 북쪽 신라 영역에서는 한 개소의 봉화도 발견되지 않았다.

초기 철기시대 장수 남양리 유적에서 처음 시작된 전북 동부 철기문화의 피날레는 반파가야의 봉화가 아닌가 싶다. 전북 동부 가야 봉화는 반파가야의 존재와 부국강병을 이룩한 반파가야의 아이콘(icon)이다. 그리하여 신라 영역으로 밝혀진 무주군 동북부에서는 반파가야의 봉화가 발견되지 않았다.

그렇지만 백제의 국난을 함께 나누지 않은 반파가야의 자만심이 지나쳐 멸망의 재앙이 되고 말았다. 6세기 초엽 경 장수군 가야계 분묘유적에서 삼족토기, 직구호 등 백제토기가 급증하고 백제 고분이 홀연히 등장한다. 웅진기 때 반파가야가 백제에 의해 멸망하였음을 알려준다.

백두대간 서쪽 금강 유역으로까지 가야의 영역을 넓힌 반파가야가 대가야 등 육가야보다 40여 년 앞서 멸망함으로써 『삼국유사』에 초대를 받지 못하였다. 반파가야의 존속 기간은 대략 150년 정도 된다. 중국 대륙을 처음으로 통일한 진나라의 역사가 16년이었다는 것을 생각하면 그 기간이 짧지 않다.

최전성기 때는 금남정맥 산줄기를 넘어 만경강 유역으로 진출하여 완주군 동북부 일원에 산성 및 봉화를 촘촘히 남겼다. 이곳은 본래 백제의 영역으로 한반도에서 유일하게 관방유적과 통신유적, 생산유적이 공존하는 전략상 요충지이다. 당시 백제를 이끈 무령왕은 가야로 넘어간 백제 백성들의 귀환을 명령하고 반파가야와의 전쟁 준비에 본격 돌입하였다.

513년 백제와의 전쟁이 시작되자 반파가야는 섬진강 유역과 충남 금산분지까지 봉화망을 확대하였지만 3년 전쟁에서 패하고 말았다. 이로 말미암아 전북 동부의 핵심 거점인 기문, 대사가 백제에 복속되었고, 521년 「양직공도(梁職貢圖)」를 마지막으로 반파가야가 더 이상 문헌에 등장하지 않았다. 역사고고학으로 본 반파가야는 가야계 소국의 패자(霸者)로서 철의 왕국이자 봉화 왕국이었다.

7) 반파가야, 문헌과 고고학 자료 일치

521년 반파가 중국 문헌에 첫 번째로 등장한다. 그 해는 반파가 엄연히 가야계 소국으로 건재하던 때이다. 일본 문헌에는 반파가 기문, 대사를 지키기 위해 백제와 3년 전쟁을 불사하였고, 신라 변방에 참혹한 피해를 준 나라로도 나온다.

그런데 『일본서기』 계체기 8년 3월조에는

> 반파(伴跛)는 자탄(子呑), 대사에 성을 쌓아 만해(滿奚)에 이어지게 하고, 봉후(烽候)와 저각(邸閣)을 만들어 일본(日本)에 대비하였다. 또한 이열비(爾列比)와 마수비(麻須比)에 성을 쌓아 마차해(麻且奚)·추봉(推封)에까지 뻗치고, 사졸과 병기를 모아서 신라(新羅)를 핍박하였다. 아이를 몰아 잡아가고 촌에 위치한 읍을 벗겨 빼앗아 가니 적의 침입이 가해진 곳에는 남는 것이 드물었다. 무릇 포악하고 사치스럽고 괴롭히고 업신여기고 베어 죽임이 너무 심해 자세하게 적을 수가 없을 정도였다(『일본서기』 계체기 8년 3월조).

라고 기록되어 있다. 가야 소국 반파국이 대규모 축성과 봉화(후)제[烽火(候)制]를 운영하였음을 알 수 있다. 아직은 문헌의 공간적인 범위를 단정할 수 없지만 전북 동부에서 봉화가 배치된 지역과 전북 남원시와 순창군, 전남 곡성군 동북부 등 섬진강 중류지역이 여기에 해당된다. 2019년 복원된 임실 봉화로와 순창 봉화로는 다른 봉화로들과 달리 봉화대를 거칠고 조잡하게 쌓았다.

반파가 백제와 3년 전쟁을 치를 때 봉후(화)를 운영하여 가야 봉화는 반파의 표상(表象)이자 아이콘이다. 최소한 가야 봉화가 발견되어야 역사고고학에서 반파의 논의가 가능하다. 반파의 위치 비정과 관련하여 고령설, 성주설, 함양설이 더 있지만 아직까지 이들 지역에서는 가야 봉화가 발견되지 않았다.

우리나라에서 봉화산이 가장 많은 곳이 장수군 등 전북 동부이다. 1990년대부터 국립군산대학교 고고학팀이 봉화 찾기 프로젝트를 시작하여 30년 이상 이어오고 있다. 지금까지 전북 동부에서 그 존재를 드러낸 봉화는 120여 개소에 달한다. 게다가 전북 동부는 조선시대 5봉수로의 직봉, 간봉이 통과하지 않는 곳이다. 가야 봉화망에 근거를 두고 만든 신조어가 전북가야로 전북 동부에 지역적인 기반을 둔 가야 정치체의 정체성이자 뿌리이다.

가야 봉화는 횃불로 변방의 정보를 중앙에 알리던 통신유적으로 봉화대에서 횃불을 올려 신호를 전달하는 방식이다. 영화 '반지의 제왕' 왕의 귀환에 등장하는 아몬딘 봉화의 신호 방식과 흡사하다. 그렇지만 낮에는 연기로 밤에는 횃불로 신호를 주고받던 조선 봉수의 신호체계와 확연히 다르다.

전북 동부 봉화망의 역사성이 상세하게 검증되었고, 이를 근거로 봉화의 구조와 봉화로도 거의 복원되었다. 가야사 국정과제가 거둔 큰 결실이다. 지금도 국립군산대학교 고고학팀 주관으로 여덟 갈래 봉화로의 완전성을 위해 자체 지표조사가 계속되고 있다.

장수 봉화산, 임실 봉화산 등 10여 개소의 봉화 발굴조사로 봉화대의 구조가 파악되었다. 일단 산봉우리 정상부를 평탄하게 다듬고 길이 8m 내외의 봉화대를 만들었다. 봉화대는 할석을 이용하여 허튼층 쌓기로 쌓은 석축형으로 토축형, 암반형도 일부 확인된다.

석축형 봉화대 벽석의 축조기법은 장수 삼봉리 가야계 산성의 성벽 축조방식과 마찬가지로 허튼층쌓기 방식이다. 장방형 봉화대 정상부에는 불을 피우던 한 개소의 봉화 시설만 두어 다섯 개소의 연조를 둔 조선시대 봉수와 완전히 다르다.

가야 봉화의 핵심 내용은 최종 종착지가 어딘가이다. 모두 여덟 갈래로 복원된 가야 봉화로의 최종 종착지는 장수군 장계분지이다. 충남 금산군, 전북 완주군·무주군·진안군·임실군·순창군, 남원시 운봉읍에서 봉화로가 각각 시작된다. 장수 봉화산 등 8개소의 장수군 장계분지를 조망하는 봉화가 여덟 갈래 봉화로의 최종 종착지이다.

모든 봉화로가 실어 온 모든 정보를 장수 삼봉리 산성에서 하나로 취합되었고, 그 소식은 산성 북쪽에 위치한 추정 왕궁터에 보고되었다. 장수 삼봉리 산성과 추정 왕궁터는 한 몸으로 경복궁과 남산 관계를 떠올리면 된다. 그렇기 때문에 장수 삼봉리 산성은 장수 목멱산이다.

장수군 장계분지 내 가야 정치체의 존재가 고고학 자료로 입증되었다. 장수군 일원에는 봉분의 직경이 20m 내외 되는 240여 기의 가야 중대형 고총이 무리지어 있다. 백두대간 서쪽에서는 유일하게 장수군에서만 가야 고총이 발견되어 장수가야라고 나라 이름을 임시로 만들었다.

장수군 가야 고총은 봉분이 서로 붙은 연접분과 둘레돌을 두르지 않고 도랑을 둘러 반파가야의 독자성이 확인되었다. 2022년 장계분지 진산 성주산(聖主山) 동남쪽 장계면 삼봉리 탑동마을에서 추정 왕궁터도 찾았다. 2023년 계남면 화양리 알봉이 가야계 제사유적으로 다시 태어났다.

임실 봉화산 등 10여 개소의 봉화에서 삼국시대 토기편만 나왔고, 고려청자와 조선백자는 전혀 출토되지 않았다. 더욱이 반파가야에서 직접 만든 가야토기가 대부분을 차지한다. 엄밀히 말하면 유물은 유적의 연대를 결정하는 열쇠이다.

장수 삼봉리 산성 내 봉화 시설의 방사성 탄소 연대 측정 결과도 5세기 초부터 6세기 중엽까지로 문헌 및 고고학 자료와 일치한다. 한국고대사에서 매우 이례적인 사례이다. 전북 동부 가야 봉화의 운영 시기가 첨단과학으로 명백하고 확실하게 검증되었다.

1500년 전 반파가야가 전국에 봉화망을 구축하려면 반드시 국력이 실증되어야 한다. 당시 국력이 입증되지 않으면 가야 봉화는 곧 미궁 속으로 빠진다. 다행히 반파가야의 영역에서 250여 개소의 제철유적이 발견되었다. 근래 장계면 명덕리 대적골 제철유적 최하층에서 가야토기가 출토되어, 반파가야와 제철유적의 연관성도 유물로 입증되었다.

아직까지 일본열도를 포함하여 전북 동부 이외의 지역에서는 가야 봉화가 발견되지 않았다. 역사고고학은 문헌, 금석문을 고고학 자료에 접목시켜 역사시대를 연구한다. 가야사 연구는 역사고고학의 범주에 속한다. 문헌의 내용이 유적과 유물로 증명되면 학계의 논의가 시작되고, 이를 근거로 결론이 도출되는데, 그게 바로 반파가야이다.

단언컨대 장수가야는 반파가야의 문헌 내용을 고고학 자료로 빠짐없이 거의 다 충족시켰다. 필자는 역사고고학의 연구 방법을 근거로 가명인 장수가야를 본명인 반파가야로 명명하고자 한다. 앞으로 반파가야의 정체성이 학제 간 혹은 지역 간 융복합 연구로 점점 더 깊어졌으면 한다.

07
장안산 장안사와 통신유적 봉화대

 우리나라 전통지리학의 지침서가 『산경표』다. 순창군 순창읍 남산대에서 출생한 신경준에 의해 편찬되었다. 우리나라 산줄기를 백두대간과 장백정간, 호남정맥 등 15개로 일목요연하게 정리해 놓아 우리나라의 민족정기와 역사 문화가 녹아있다.

 1900년대 초 일제에 의해, 우리 곁을 강제적으로 떠날 때까지 『산경표』는 전통지리학의 바이블이었다. 이 책에 실린 15개의 산줄기 중 금남호남정맥은 그 길이가 가장 짧지만 장수군의 자연 경계를 이루었다. 본래 장수군은 금강유역에만 자리하였다. 1906년 섬진강유역에 속한 남원군 산서면과 번암면이 장수군으로 편입됨으로써 장수군은 두 강을 모두 아우른다.

 금강과 섬진강으로 물의 운명을 갈라놓는 수분령(水分嶺)도 금남호남정맥의 큰 고갯길로 반파가야의 남쪽 관문이자 기문가야로 향하는 길목이다. 금남호남정맥의 명산이 장안산으로, 여기서 장안은 수나라, 당나라 도읍과 한자가 같다.

 조선 숙종 8년(1682)에 만든 지도책이 『동여비고(東輿備考)』이다. 함경도부터 제주도까지 우리나라의 전국을 포괄하고 있으며, 앞부분에는 삼한시대부터 삼국시대, 고려시대까지의 영토와 지역별 통치 단위를 지도에 표시해 놓았다. 이 지도책에 장안사가 표기되어 있는데, 그 위치는 장안산 북쪽 기슭으로 그 서쪽에 석천사(釋天寺)도 나온다.

 이 지도책의 이름은 조선 성종 때 간행된 지리서인 『동국여지승람(東國輿地勝覽)』에서 따온 것으로 추측된다. 동국의 '동(東)'자와 여지승람의 '여(輿)'자를 취하였고, '비고(備考)'라는 명칭은 『동국여지승람』을 이용하는데 참고가 되는 지도라는 뜻이다. 이 지도책은 역사적·학술적 가치를 인정받아 2008년 보물로 지정되었다.

 2000년대 초부터 국립군산대학교 고고학팀이 장안산 일대 지표조사를 꾸준히 펼치고 있다. 이제까지 장안산 주변에서 30여 개소의 제철유적을 찾아 그 존재를 세상에 알렸다. 장담컨대 장안산은 제철유적의 보고이다. 장안산 남쪽 지지계곡은 10여 개소의 제철유적이 골짜기마다 자리해 철의 계곡 또는 아이언 밸리다. 무주 구천동계곡과 월음령계곡 못지않게 제철유적의 밀집도가 높다.

옛날 철광석을 녹여 철을 생산할 때 용광로 안에 넣는 원료가 숯이다. 대체로 용광로 내부 온도를 1500° 이상 올려야 철광석이 녹는다. 용광로 내부 온도를 올리려면 숯이 용광로 내부에 들어가야 한다. 오래전 장수군청 이종현 선생님이 장안산 일대에 숯가마가 많다고 제보해 주었지만, 아직도 숯가마를 찾는 지표조사가 시작되지 않아 안타깝다.

1990년대 초까지만 해도 장안산 정상부에는 봉화대가 있었다고 한다. 이 산봉우리 정상부를 평탄하게 다듬고 돌로 봉화대로 그 모습이 웅장하였다고 한다. 전북 동부 가야 봉화의 압권(壓卷)이었다. 안타깝게 헬기장을 조성하는 과정에 석축형 봉화대가 없어져 지금은 그 흔적을 찾을 수 없다.

다행히 장안산 정상부를 한 바퀴 두른 산정식 성벽이 봉화의 존재를 알려준다. 운봉고원에서 시작해 장계분지까지 이어진 한 갈래의 봉화로가 장안산 봉화를 통과한다. 솔직히 장안산 봉화는 반파가야와 기문가야를 이어준 브릿지였다. 장안산에서 남쪽을 바라보면 백두대간 종착지 지리산 천왕봉과 운봉고원이 한눈에 잘 조망된다.

 장안산 지명 유래와 관련하여 세 가지 이야기가 있다. 하나는 장안사에서 유래된 주장과 다른 하나는 장수군 먼 옛날에 계남면 장안리 일대에 서울을 조성하려다 중단되어 장안이라 부른다는 견해가 있다. 또 다른 하나는 중국 장안(長安)과 관련이 있다는 것이다.

 중국 역사와 문화의 심장이 장안으로 수나라, 당나라 도읍이었다. 옛적에 장수군이 중국 장안처럼 풍요롭고 넉넉하게 잘 살았던 것 같다. 장안산에 제철유적이 많았다면 두세 번째 이야기도 관심을 가져야 한다. 장안산 일대에 제철유적과 숯가마가 많아도 너무 많기 때문이다. 고고학자들이 꼭 풀어야 할 역사의 불가사의(不可思議)이다.

08
신무산 각섬석과 무령왕릉 진묘수

금강 발원지가 신무산 뜬봉샘이다. 신무산 동북쪽 기슭에 뜬봉샘이 자리하고 있으며, 그 아래쪽에 금강의 첫 동네 물 뿌랭이마을이 있다. 신무산 뜬봉샘과 물 뿌랭이마을은 또 다른 장수군 관광자원이다. 신무산 동쪽 고갯마루가 수분령으로 금강과 섬진강으로 물의 운명을 갈라놓는다. 수분령 동쪽 소나무도 수분송(水分松)으로 불린다.

신무산 뜬봉샘은 "이성계가 신무산 중턱에 단(壇)을 쌓고 백일기도를 하고 있는데, 백 일째 되는 날 무지개가 떠오르더니, 그 무지개를 타고 봉황새가 하늘로 날아갔다. 봉황이 날아간 곳을 가서 보니 옹달샘이 있어, 그 샘을 뜬봉샘이라고 부르게 되었다"고 한다.

고려 말 이성계가 대승을 거둔 운봉고원 황산대첩(荒山大捷) 진군로(進軍路), 회군로(回軍路)가 모두 뜬봉샘 부근을 통과한다. 뜬봉샘에서 멀지 않은 장수읍 용계리 용계마을은 고려군이 진군할 때 하루 밤 묵었던 숙영지로 새벽에 닭 울음 소리를 듣고 작전을 펼쳐 황산에서 대승을 거두었다고 하여 용계리(龍鷄里)라고 부른다. 반파가야 문화유산과 함께 장수군 명품 콘텐츠이다.

그런가 하면 재앙을 막고 풍년을 기원하기 위하여 신무산 여러 곳에서 봉화(烽火)를 올렸는데, 그 모습이 마치 뜸을 뜬 것과 흡사하여 뜸봉샘이라고 불렀다는 주장도 있다. 아이러니하게 신무산 정상부에 봉화가 배치되어 또 다른 궁금증을 더 자아낸다.

몇 년 전 봉화의 역사성을 검증하기 위해 학술 발굴조사를 추진하다가 우연히 폭발물이 발견되어 모든 발굴조사가 중단되었다. 고고학자가 유적에 역사의 생명력을 불어넣기 위해서는 땅을 파야하기 때문에 늘 생명의 위험에 노출되어 있다.

우리말로 장수(長水)는 긴 물이다. 신무산 뜬봉샘에서 발원한 금강은 계속해서 북쪽으로 흘러 진안 용담댐으로 들어간다. 2001년 준공된 진안 용담댐은 우리나라 다섯 번째 규모의 다목적 댐으로 전북 지역의 주요 수자원으로 활용되고 있다.

진안 용담댐에서 잠시 머문 금강은, 전북 무주군에서 남대천을 합친 뒤 충북 서남부를 흘러 옥천군 동쪽에서 보청천(報靑川), 세종특별자치시에서 미호천(美湖川)을 합류하여 대전·공주·부여·강경 등을 거쳐 군산에서 서해로 들어간다. 강이 흘러가는 모습이 마치 비단처럼 고와 비단금[錦]자를 붙였다고 한다. 장수군 명품 브랜드로 금강 발원지 신무산 뜬봉샘을 더 알렸으면 한다.

신무산은 또한 곱돌 산지다. 곱돌은 화성암 일종으로 달리 각섬석암 또는 활석으로도 불린다. 백두대간을 중심으로 남원시 아영면 일대리와 장수군 장수읍 대성리·식천리, 번암면 교동리 일대가 곱돌 산지로 유명하다. 이들 지역에서 나는 각섬석암은 재질이 부드러워 가공성이 뛰어나고 금속광물의 함유량이 높아 열전도율도 탁월하다.

일찍부터 신무산 곱돌이 전국 각지로 널리 유통된 것 같다. 전북혁신도시 내 완주 갈동 1호 토광묘에서 2점의 거푸집이 나왔다. 완주 갈동 출토 동검·동과 거푸집으로 우리나라 청동기문화와 주조기술을 연구하는데 없어서는 안 될 으뜸 유물이다. 장수산 곱돌이 최첨단 소재로 사용된 것이다.

전북혁신도시는 제나라 전횡 망명 때 바닷길로 철기문화가 곧바로 전래되어, 초기 철기시대 때 한반도 테크노밸리로 학계의 이목을 집중시킨 곳이다. 완주 갈동 유적에서 나온 세형동검 거푸집도 장수산 각섬석, 즉 곱돌로 만들었다. 기원전부터 장수군 등 전북 동부와 서부가 서로 긴밀하게 교류하였음을 알 수 있다.

1971년 공주 무령왕릉에서도 장수산 곱돌이 출토되었다. 석수(石獸)와 지석은 그 재료가 장수산 곱돌로 밝혀졌는데, 모두 국보로 지정되었다. 석수는 무덤을 지키는 진묘수(鎭墓獸)로 우리나라에서 처음 발견되었다. 지석은 모두 두 매로 왕과 왕비의 생애를 간결하게 새겼는데, 그 용도는 지신에게 땅을 산 매지권(買地券)이다. 선사시대부터 신무산 등 전북 동부에서 캐낸 각섬석암이 전국에 널리 유통되었음을 알 수 있다.

장수군 장수읍 대성리 구평마을에서 생산된 곱돌이 가장 오래되었다고 주민들이 증언해 주었다. 아무튼 장수산 곱돌은 예나 지금이나 거푸집, 장신구, 생활용기 등을 만드는데 골고루 쓰이고 있다. 장수산 곱돌은 반파가야의 주요 교역품이자 특산품으로 장수군의 또 다른 아이콘(ICON)이다. 지금도 장수곱돌 석기공장이 신무산 등 대성고원(大成高原)에서 성황리에 운영되고 있다.

09
전북 동부 가야계 산성의 특징이다

　전북 동부는 통신유적과 관방유적이 많아 교통의 중심지이자 전략상 요충지를 이루었다. 40여 년 동안 국립군산대학교 고고학팀이 전북 동부에서 찾은 통신유적은 120여 개소에 달한다. 모두 다 가야계 봉화로 한반도에서 전북 동부에서만 발견되었다.

　장수 침령산성을 비롯하여 관방유적의 밀집도도 호남지방에서 월등히 높다. 초기 철기시대부터 후백제까지 전북 동부 철산개발과 무관하지 않은 것 같다. 동시에 교통망의 허브 역할을 내내 담당하였던 것은 철의 생산과 유통이 연출한 교역망의 소산물이 아닌가 싶다.

　장수 삼봉리 산성이 가야계 산성으로 다시 태어났다. 모두 세 차례의 학술 발굴조사로 산성의 역사성이 일목요연하게 검증되었다. 전북 동부 여덟 갈래의 봉화로가 실어 온 변방의 정보를 하나로 취합하던 곳으로 현지 주민들이 봉화봉 혹은 봉화산성으로 부른다.

이 산성 부근에 가야 고총군과 추정 왕궁터, 추정 제의유적 등이 산재해 가야 정치체의 존재를 실증한다. 여기에 여덟 갈래 봉화로의 정보를 하나로 취합하던 가야계 산성이 자리하여 그 필연성을 더 높였다. 전북 동부 가야 산성의 특징을 산성의 평면 형태, 성벽의 축조기법과 기저부 등을 소개하면 아래와 같다.

가야계 산성은 그 평면 형태가 장타원형 혹은 세장방형을 이룬다. 전북 동부에서 발굴조사로 가야계 산성으로 밝혀진 장수 침령산성·삼봉리 산성, 무주 당산리 산성, 진안 운봉리·월계리 산성은 대부분 장타원형의 평면 형태를 이룬다. 현지조사 때 가야토기편이 수습된 완주 천호산성은 달리 봉화봉으로 역시 장타원형이다. 그러나 전북 동부에서 백제계 산성은 대체로 방형이다.

성벽은 허튼층쌓기, 즉 막쌓기 방식으로 쌓았다. 전북 동부는 철분의 함유량이 월등히 높은 흑운모 편마암이 광범위하게 분포되어 있다. 장수 삼봉리 산성은 허튼층쌓기 방식으로 성벽을 쌓았는데, 성돌은 흑운모 편마암을 다듬어 그 두께가 비교적 얇다. 성돌과 성돌 사이는 크기가 아주 작은 쐐기돌로 메꾸었다. 반면에 신라는 바른층쌓기, 후백제는 줄쌓기와 들여쌓기, 품(品)자형 쌓기 방식으로 가야계 산성과 확연히 다르다.

성벽 기저부의 처리 방법이 파악되었다. 장수 삼봉리 산성은 자연 암반을 평탄하게 다듬거나 흙을 단단하게 다진 뒤 바닥석을 놓았다. 바닥석은 상당히 크고 두꺼운 판석형 할석을 가로 쌓기 방식으로 놓고 돌로 받쳐 수평을 맞추었다. 백제계 산성이 L자 모양으로 파낸 방식과 다르다.

바닥석 위에는 역시 판석형 할석을 가지고 가로 쌓기 방식으로 놓고 간헐적으로 모로 쌓기 방식도 확인된다. 산성 내 원형계 계단식 집수시설 벽석의 축조기법도 거의 흡사하다. 진안 운봉리 산성에서도 바닥석의 처리 방법과 벽석의 축조기법이 다시 확인되었다.

성벽 뒤채움 방식은 백제 혹은 신라와 확실히 다르다. 장수 삼봉리 산성은 흙과 돌을 섞어 단단하게 다져 뒤채움석과 흙이 한 몸을 이룬다. 가야는 뒤채움하는데 흙을 사용한 것이 가장 큰 특징이다. 반면에 장수 침령산성에서 밝혀진 신라 혹은 후백제 성벽은 흙을 사용하지 않고 돌로만 뒤채움하였다.

임실 성미산성의 백제 산성도 신라 산성과 마찬가지로 오로지 돌로만 채웠다. 장수 침령산성·합미산성의 후백제 성벽은 옥수수 낱알모양으로 생긴 성돌과 뒤채움석이 맞물리도록 장대형 석재를 이용하였다. 후백제 축성술(築城術)의 극치(極致)로 장수 합미산성은 90% 정도 성벽이 잘 보존되어 있다.

장수 삼봉리 산성 등 전북 동부에서 밝혀진 가야계 산성은 몇 가지 공통성을 보인다. 가야계 산성은 대부분 산봉우리 정상부를 한 바퀴 휘감은 산정식으로 그 평면 형태가 장타원형 혹은 세장방형을 이룬다. 반면에 임실 대리산성, 남원 성산산성 등 백제계 산성은 방형을 이룬다.

성벽은 얇은 판석형 할석을 가지고 허튼층쌓기 혹은 막쌓기 방식으로 쌓고, 성돌 사이는 작은 쐐기돌로 메꾸었다. 성벽의 축조기법은 대부분 가로 쌓기 방식으로 놓고 극히 일부 모로 쌓기 방식도 확인된다. 성벽의 뒤채움은 유일하게 흙과 돌을 섞어서 단단하게 다졌다.

전북 동부에서 가야계 산성이 봉화와 서로 세트관계를 이룬다. 가야계 소국 반파가야가 백제와 3년 전쟁을 치를 때 대규모 축성 및 봉화를 운영하였다는 문헌의 내용을 뒷받침한다. 장수 오성리 봉화봉 봉화 등 석축형 봉화대의 벽석 축조기법은 가야계 산성의 성벽 축조기법과 거의 흡사하다.

장수 삼봉리 산성은 가야계 산정식으로 그 정상부에 장방형 봉화 시설을 두었고, 그 북쪽에 반파가야의 추정 왕궁터가 있다. 장계면 삼봉리 탑동마을에 소재한 추정 왕궁터는 길이 300m, 너비 150m, 높이 5m 내외로 한반도 고대 판축 기법의 특징인 석심(石心) 시설이 확인되었다.

가야계 산성 및 봉화의 밀집도가 가장 높은 곳이 만경강 유역이다. 완주 용복리·종리산성은 성벽 위에서 봉화 시설이 발견된 곳으로 그 평면 형태가 세장방형이다. 반파가야가 최전성기 때 완주군 동북부로 진출하여 강력한 방어체계를 구축한 결과물이다. 완주군 동북부 철산지에서 반파가야가 백제와 꽤 오랫동안 대치하였음을 유추해 볼 수 있다. 그러나 다른 지역과 달리 반파가야의 멸망 이후에는 산성 및 봉수가 더 이상 운영되지 않았다.

10
백제계 핵심 분묘유적, 장수 무농리

 백두대간 품속 전북 동부는 무궁무진한 지하자원 보고이다. 전북 동부에 큰 관심을 두었던 백제 근초고왕(近肖古王)과 무령왕, 무왕은 당대 백제를 전성기로 이끌었다. 백제 무령왕 때 기문가야가 백제에 정치적으로 복속되었고, 백두대간 서쪽 유일한 가야계 소국 반파가야도 백제 성왕에 의해 멸망되었다.

 이 무렵 백제는 다시 또 최고의 전성기를 맞이한다. 반파가야의 영역이었던 전북 동부 철산지를 장악한 백제는 다시 중흥기를 선도하고 웅진에서 사비로 도읍을 옮겼다. 장수군 백제계 핵심 분묘유적인 장계면 무농리 백제 고분이 백제의 르네상스를 일목요연하게 대변해 준다.

 장수군 장계분지 북쪽 수락봉 남쪽 기슭 중단부 산자락 정상부에 한 기의 백제 고분이 자리하고 있다. 백두대간 남덕유산에서 시작해 성주산을 지나 서쪽으로 뻗은 비교적 가파른 산줄기로 장계분지 북쪽을 병풍처럼 감싼다. 이 산줄기 중앙 남쪽 기슭에 백제 고분이 있다.

장계면 무농리는 풍수지리에서 최고의 명당이다. 백제계 분묘유적이 들어서기에 최적지로 장계분지가 한눈에 잘 조망되는 곳이다. 몇 차례의 현지조사를 통해 지표에 노출된 3매의 뚜껑돌에 의하면 남북으로 장축 방향을 둔 백제 고분이다. 반면에 장수군 가야계 고총은 동서로 장축 방향을 두었다.

흔히 백제 고분은 널길과 널방으로 구성된 횡혈식(橫穴式) 석실분으로 대부분 남쪽 기슭에 위치한다. 장수 무농리는 널방 위에 얹은 뚜껑돌을 근거로 백제 고분으로 추정된다. 거의 판자모양으로 거칠게 다듬은 뚜껑돌은 길이 176cm 내외로 그 규모가 전북 동부에서 가장 크다. 무덤의 규모는 피장자의 신분 및 권위와 비례한다.

솔직히 충남 공주, 부여 등 백제 왕도에 소재한 백제 고분들과 그 규모가 거의 대동소이하다. 당시 장수군의 위상과 중요성을 가늠해 볼 수 있다. 더욱이 산자락 정상부에 터를 잡아 가야에서 백제로 넘어가는 단계에 만든 백제 고분으로 한 기만 자리하고 있는 것도 큰 특징이다.

아직은 학술 발굴조사가 시작되지 않아 무덤의 구조와 역사성을 속단할 수 없지만 그 역사성은 탁월하다. 반파가야는 기문가야를 지키기 위해 백제와 치른 3년 전쟁에서 패한 뒤 6세기 초엽 백제에 의해 멸망되었다. 장수 무농리 백제 고분은 가야에서 백제로 바뀌는 과도기적 단계에 만들어진 것으로 그 시기가 6세기 초엽 경으로 추정된다.

장수군 계남면 침곡리에서 백제계 횡구식(橫口式) 석곽묘가 조사되었다. 이 고분은 구덩이를 파고 그 안에 할석을 가지고 위로 올라가면서 약간 내경(內傾)되게 벽석을 쌓고 원형의 둘레돌을 둘렀다. 뚜껑돌 사이에는 작은 할석을 가지고 정교하게 메꾸고 진흙을 발랐으며, 바닥면에는 강자갈을 가지고 아주 정연하게 깔았다. 비록 유물은 출토되지 않았지만, 백제계 횡구식 석곽묘로 그 시기가 장수 무농리와 동일한 6세기 전반 경으로 추정된다.

장수읍 동촌리, 천천면 남양리, 산서면 하월리에서도 백제 고분이 더 발견되었다. 장수 동촌리 가야 고분군에서 동쪽으로 1.7km 가량 떨어진 '몰메똥'으로 불리는 산의 남쪽 기슭에서 1기의 고분이 도굴로 그 모습을 드러냈다. 벽석은 위로 올라가면서 약간 내경

되게 쌓았고, 북벽은 한 매의 대형 판석형 석재로 만들었다. 벽석 위에는 뚜껑돌을 올려놓았으며, 무덤은 남북으로 장축 방향을 두었다.

장수군 천천면 남양리 돈촌마을 주민들을 대상으로 이루어진 면담조사에서도 백제 고분의 존재가 확인되었다. 이 마을 서쪽 국사봉에서 동쪽으로 뻗어 내린 산자락 남쪽 기슭에 도굴로 모습을 드러낸 무덤이 있었다고 한다. 이 무덤은 백제 고분으로 추정되며, 반파가야를 멸망시킨 백제에 의해 만들어졌을 것으로 추정된다. 이곳은 가야 철기문화의 요람지로 6세기 초엽 경 백제의 정치 중심지였을 것으로 판단된다.

장수군 산성에서 사비기 백제토기편이 수습되어, 장수군의 운영 주체가 신라에서 다시 백제로 바뀐 것으로 추정된다. 『삼국사기』 등 문헌으로는 확인되지 않는 내용이다. 아직은 장수군 내 백제계 유적을 대상으로 발굴이 시작되지 않아 당시의 교체 시기와 교체 과정을 심층적으로 살필 수 없다.

『삼국사기』에 장수군 장계분지에는 백제 백이[해]군이, 장수분지에는 우평현이 설치되어, 문헌으로 백제의 지방 행정 체제에 편입되었음을 알 수 있다. 장수군 장계분지는 백제 지방 거점이자 전북 동부 정치 일번지였다. 당시 백제계 문화유산을 찾는 정밀 지표조사가 요망된다.

백제 백이[해]군이 통일신라 때 벽계군으로 그 이름이 바뀌었다. 지명의 음상사를 통해서도 장수군 장계 분지가 행정 거점이었음을 유추해 볼 수 있다. 백(伯)은 백(白)과 같은 말로 도읍의 뜻이 담겨 있으며, 벽(璧)도 같은 음으로 한자 표기만 다르다. 해(海)는 지명접미사로 성(城)을 뜻하는 말로 벽(谿)도 성(城), 즉 도읍을 의미한다.

고려 때 벽계(璧谿)를 장계(長溪)로 고쳤는데, 백(伯)의 훈이 '맏이'로써 '크다'는 뜻으로 보고 장(長)을 취했고, 계(谿)는 음이 같은 계(溪)로 바뀌었다. 장계는 한자 풀이로 '큰 내'가 되지만 원래의 뜻은 '큰 마을'이라는 의미의 도읍을 가리킨다. 한마디로 백해의 음상사에는 큰 도읍이라는 역사적인 의미가 담겨있다.

백제 무왕은 장수 침령산성을 4배 이상으로 확장하고 장수 춘송리 고분군을 남긴 신라로부터 장수군을 다시 탈환하였다. 그리고 팔성사(八聖寺)와 7개 부속 암자를 두어 팔공산이라는 지명도 남겼다. 이 지명에는 대규모 철산지로서 풍요로움과 유토피아를 상징하는 지상낙원의 의미가 녹아있다.

전북 동부 백제의 핵심 거점으로 발돋움한 장수군 장계분지는 진안군 진안읍에 두었던 난진아현(難珍阿縣)도 거느렸다. 장수군 내 백제계 분묘유적은 철의 왕국이자 봉화 왕국 반파가야의 발전상과 백제의 진출 과정을 웅변해 주는 타임캡슐이다. 장수 무농리 백제 고분으로 전북 동부 고대문화의 역동성과 탁월성을 온 세상에 알기 위한 학술 발굴조사가 추진되었으면 한다.

11
백두대간 토옥동계곡과 백제 사행로

 선사시대 사람들은 최고의 권위와 권력을 어떻게 표현하였을까? 모두 다 구슬, 즉 옥(玉)에 담았다. 청동기시대 지배자의 무덤이 고인돌이다. 고인돌에서 나온 으뜸 유물은 관옥(管玉)과 곡옥(曲玉)이다. 선사시대 유물의 정수(精髓)이다.

 고고학자가 유적을 찾을 때 옥자가 들어간 지명에 목숨을 거는 근본적인 이유이다. 장수군 계북면 양악리 양악마을 동쪽 토옥동(土玉洞)도 구슬 옥(玉)자를 쓴다. 왜 토옥동이라고 이름을 지었을까?

 2017년 필자가 제철유적을 찾기 위해 토옥동 계곡을 찾았다. 사실 이전까지만 해도 토옥동 무지개 송어 맛에 취해 지인들과 함께 토옥동을 몇 번 다녀온 일이 있었다. 당일 잠깐 계곡을 둘러보고 두 눈을 의심하였다. 철광석을 녹여 철을 생산하는 과정에 생긴 불순물로 알려진 슬래그가 많아도 너무 많았다. 슬래그 양으로만 비교하면 전북 동부에서 엄지척이다. 이제부터는 토옥동에 초대형 제철유적이 자리하고 있다는 사실도 꼭 기억하였으면 한다.

국립군산대학교 가야문화연구소 주관 현지조사로 토옥동의 속살이 드러났다. 백두대간 서쪽 여러 갈래 골짜기가 하나로 합쳐져 토옥동이라고 부른다. 영호남을 곧장 이어주던 옛길이 토옥동 지추골을 따라 올라가다가 백두대간 월성치(月城峙)를 넘는다.

현지조사 때 슬래그가 지추골 상단부에서도 발견되어 몹시 당혹스러웠다. 아직은 정밀 지표조사가 이루어지지 않았지만 제철유적의 규모로는 장수군에서 으뜸이다. 워낙 철분의 함유량이 높아 지추골 광석이 대부분 무쇠처럼 검붉은 색을 띠었다.

사비기 백제 사행로(使行路)를 복원하면 부여를 출발해 논산을 거쳐 완주군 운주면 피묵리 계곡에 도달한다. 금남정맥 작은 싸리재를 넘는데 그 서북쪽에 왕사봉(王思峰)이 있다. 진안군 용담면 월계리 성남마을에서 나룻배로 금강을 건너면 힘들이지 않고 토옥동 계곡에 당도한다.

여름 휴양지로 유명한 토옥동 계곡을 따라 오르면 월성치에 당도한다. 백두대간 남덕유산과 삿갓봉 사이 고갯마루가 월성치로 지형이 거의 반달모양을 닮아 달리 월성재 혹은 월성현(月城峴)으로도 불린다. 이곳에서 동쪽으로 흐르는 월성천을 따라 내려가면 경남 거창군 위천면 수승대(搜勝臺)에 도착한다.

수승대는 백제 사신이 신라를 방문할 때 근심스러운 마음으로 마지막 환송하던 곳이어서 본래 수송대(愁送臺)라고 불렸다고 한다. 그러다가 퇴계 이황이 이곳의 경치가 너무 아름다워 '수송'이라는 이름을 '수승'으로 바꾼 뒤 오늘날까지 수승대로 불리고 있다.

거창 수승대 부근에는 백제 무왕과 선화공주가 지나갔다는 아홉산과 그 서쪽에 영승리가 있다. 거창군 위천면 영승리는 본래 영송리(迎送里)로 백제의 사신을 신라로 보내고 맞이하던 곳이었다고 한다. 사비기 백제와 신라의 사신들이 오갔던 사행로가 백두대간 월성치를 넘어 수송대, 영송리를 경유하였음을 알 수 있다.

거창 수송대와 영송리에서 황강을 따라 가다가, 합천, 창녕을 경유하여 최종 목적지 신라 경주까지 이어진다. 이 옛길은 거리상으로 가장 가깝고 신속성과 효율성도 탁월하다. 전북 동부에서 생산된 철이 영남지방으로 널리 유통되던 아이언 로드도 토옥동을 통과하지 않았을까?

우리 선조들이 사행로의 존재와 제철유적의 중요성을 토옥동 지명에 담지 않았을까? 고고학으로 밝혀낸 토옥동은 한마디로 철의 계곡, 즉 아이언 밸리(Iron Valley)다. 123년 동안 백제와 신라의 사신들이 오갔던 옛날 고속도로의 흔적이 또렷하게 잘 남아 있다.

백두대간 월성치는 오늘날 판문점과 그 임무가 같았던 것 같다. 우리들이 토옥동에 관심을 기울여야 할 근본 이유이다. 백두대간 월성치, 토옥동, 수송대, 영송리 등에 담긴 역사 이야기를 복원하기 위한 지역 간 혹은 학제 간 융복합 연구가 조속히 시작되었으면 한다.

12
장수 팔공산 여덟 절터와 철기문화

 우리나라에 두 개소의 팔공산이 있다. 하나는 대구 팔공산(八公山)이고, 다른 하나는 장수 팔공산이다. 지명은 서로 똑같지만 그 의미는 완전히 다르다. 어떤 의미가 장수 팔공산에 담겼을까? 우리들이 장수 팔공산에 큰 관심을 가지고 그 역사성을 풀어야 한다.

 1982년 필자는 고고학에 첫 입문해 40여 년 동안 전북 동부 가야계 유적을 찾고 알리는 지표조사에 대부분의 시간을 보냈다. 그 이유는 가야 관련 문헌이 아예 없거나 넉넉하지 않아 하는 수 없이 발품을 팔아야 하였기 때문이다. 행정 당국의 가야에 대한 인식 부족도 빼놓을 수 없다.

 대구 팔공산은 대구광역시와 경북 영천시와 경산시, 군위군, 칠곡군에 걸쳐 있는 이름난 산이다. 옛 이름은 공산(公山)·부악(夫岳)이었다고 한다. 『신증동국여지승람(新增東國輿地勝覽)』에는 "중악(中岳)에 비겨 중사(中祀하)였다"라고 기록되어 있다. 여기서 그치지 않고 대구 팔공산에 후백제 시조 견(진)훤왕이 등장한다. 어떤 역사적인 의미가 담겼을까?

927년 후백제가 신라 경주를 공격하였다. 고려 태조 왕건이 5,000명의 군사를 거느리고 후백제군을 정벌하러 나섰다가 공산에서 후백제군에게 포위를 당하였다. 그 때 신숭겸(申崇謙)이 태조로 가장(假裝)하여 수레를 타고 적진에 뛰어들어 전사함으로써 태조가 겨우 목숨을 구하였다고 한다. 당시에 신숭겸, 김락(金樂) 등 8명의 장수가 모두 전사하여 팔공산이라 부르게 되었다고 한다. 이로 인해 공산이 팔공산으로 그 이름이 바뀌었다.

장수 팔공산은 여덟 개소 절터에서 유래되었다고 한다. 백제 무왕 때 해감(解橄)에 의해 창건된 팔성사는 그의 설법을 듣고 귀의(歸依)한 7명의 제자를 기리기 위해 7개의 부속 암자를 두었다고 한다. 팔성사 창건은 백제 무왕이 신라로부터 장수군을 다시 되찾은 이후로 추측된다.

그런가 하면 신라 진평왕 25년(603) 신라 해공대사가 절을 창건하자 원효(元曉), 의상(義湘)이 머물렀는데, 당시에 불법을 펼 때 향기가 퍼져 나왔다는 만향점(滿香岾)이 절 근처에 있었다고 한다. 이때는 장수군이 신라의 영역이었다. 만향점은 팔공산의 또 다른 신라 명소이다.

『동여비고』에 팔공산이 성적산(聖迹山)으로 표기되어 있다. 당시에는 성적산에 운점사(雲岾寺)와 팔공암(八功庵)이 자리하고 있었다. 『신증동국여지승람』에도 성적산에 운점사가 등장한다. 현재 팔공산 동쪽 기슭에 자리한 팔성사는 조선시대 부속 암자 터에 다시 지은 절이라고 한다.

2025년부터 국립군산대학교 고고학팀과 가야문화연대가 팔공산 7개 암자 터를 찾는 지표조사를 공동으로 진행하고 있다. 팔공산 사방에 절터 흔적이 잘 남아있기 때문에 해감 제자들이 지은 여덟 절터가 머지않아 그 존재를 드러낼 것으로 기대된다.

그렇다면 신라가 장수군 일대로 진출하였을까? 장수 침령산성에서 그 단서가 나왔다. 반파가야가 처음 터를 닦고 쌓은 산성을 신라가 5배 이상 규모로 확장하였다. 산정식 산성이 포곡식(包谷式)으로 바뀌었다. 신라가 국가 차원에서 장수군 철산지를 각별하게 인식하였음을 엿볼 수 있다.

554년 충북 옥천 관산성 전투에서 불의(不意)의 성왕 전사로 백제가 참패하였다. 그 여세를 몰아 신라는 장수군 등 금남정맥 동쪽을 대부분 신라의 영역으로 편입시킨 뒤 70여 년 동안 장수군 일대를 장악하였던 것 같다. 이 부분은 풍성한 고고학 자료로 명확하게 검증되었다.

602년 해공대사가 팔공산에 절을 처음 창건할 때는 장수군이 신라의 영역에 속하였다. 그러다가 백제 무왕이 장수군을 다시 되찾아 『삼국사기』에는 장수군이 백제 영역으로 나온다. 이 무렵 팔공산에 여덟 개소의 절이 모두 들어섰을 것으로 추정된다.

삼국시대 두 스님들이 장수 팔공산에 창건한 여덟 절터의 위치를 확인하기 위한 최소한의 지표조사만이라도 추진되었으면 한다. 대구 팔공산처럼 장수 팔공산도 팔성사지와 7개의 암자 터를 찾아 불교 명산으로 다시 태어나기를 염원해 본다.

장수 팔공산에 여덟 절을 짓고 절을 운영할 수 있었던 힘은 어디에서 나왔을까? 절 혹은 승려에게 돈이나 음식을 보시하는 시주(施主)의 본바탕은 무엇이었을까? 요사이 장수군에서 그 존재를 드러내기 시작한 제철유적의 철이 시주의 근원이었을 것으로 추측된다.

13
신라계 핵심 분묘유적, 장수 춘송리

　475년 백제가 장수왕 남하정책으로 개로왕이 전사하고 급기야 도읍을 한성에서 웅진으로 옮긴다. 안타깝게 웅진으로 도읍을 옮긴 이후에도 백제의 정치 불안이 계속되자 봉화 왕국 반파가야와 신라가 백두대간을 넘어 백제 영역으로 진출하기 시작한다.

　신라는 백제의 국난을 함께 하지 않고 백두대간 덕산재를 넘어 나제통문을 통과하는 옛길을 따라 무주군 철산지로 진출한다. 이 루트는 웅진기 백제와 신라의 사신들이 서로 오갔던 사행로이다. 무주군에서 그 존재를 드러낸 신라계 분묘유적이 신라의 진출을 뒷받침한다.

　무주군 무주읍 대차리 고분군에서 그 단서가 포착되었다. 2018년 무주 대차리 고분군에서 조사된 11기의 신라계 고분은 바닥에 시상석을 갖춘 9기와 시상석이 없는 것이 공존한다. 충북 옥천 금구리, 경북 상주 헌신동·병성동 등의 신라계 고분과 유구의 속성이 상통한다. 유물은 고배, 대부장경호 등 40여 점의 신라 토기가 유물의 절대량을 차지하고 있으며, 그 상한은 대체로 5세기 말엽 경으로 편년되었다.

전북 무주군 일대로 신라의 진출이 역사학계에서 통용된 시기보다 무주군으로 신라의 진출을 50년 이상 앞당겼다. 백두대간 덕산재를 넘어 나제통문을 통과하던 옛길을 따라 진출한 신라가 남대천 북쪽을 장악하였다는 증거물이다. 무주군 등 전북 동부 일대로 신라의 진출이 고고학 자료로 입증되었다.

무슨 이유로 신라는 나제동맹을 저버리고 무주군 철산지에 그토록 큰 관심을 두었을까? 아직은 무주군 제철유적의 역사성이 검증되지 않았지만 철산지의 장악과 무관하지 않은 것 같다. 전북 동부에 속한 단일 지자체 중 가장 많은 제철유적이 학계에 보고된 곳이 무주군이다.

백두대간을 중심으로 전북 동부에는 두 개소의 신라 행정치소가 있다. 운봉고원의 모산현(母山縣)과 무주군 무풍분지의 무산현(茂山縣)으로, 빠짐없이 다 교통의 중심지와 전략상 요충지를 이룬다. 신라가 두 갈래의 옛길로 전북 동부로 진출하였음을 알 수 있다. 공교롭게도 두 지역 모두 제철유적의 밀집도가 월등히 높은 철산지로 조선시대 십승지지(十勝之地)에도 그 이름을 함께 올렸다.

반파가야 멸망 이후 장수군으로 신라의 진출도 고고학 자료로 확인되었다. 장수군 장계분지 서쪽 산봉우리에 장수 침령산성이 위치한다. 이 산성에서 서쪽으로 뻗은 산줄기 정상부에 봉분의 직경 15m 내외 되는 20여 기의 신라계 대형 봉토분이 무리 지은 장수 춘송리 신라 고분군이 있다. 전북 동부에서 그 존재를 드러낸 신라계 분묘유적 중 최대 규모로 장수군에서 가장 높은 곳에 위치한다.

2024년 국립군산대학교 가야문화연구소 주관 학술발굴조사로 장수 춘송리 4호분이 신라계 횡구식 석실묘(石室墓)로 밝혀졌다. 이 고분은 봉분의 직경 18m 내외로 도굴의 피해를 입지 않았다. 본래 지형을 잘 다듬고 지형에 맞춰 대규모로 흙을 쌓아 기초부가 마련되었고, 기초부 안쪽에 시신을 모시는 매장공간이 마련되었다. 부장품을 넣고 무덤 주인공의 시신을 모시고 봉분을 만들었다.

매장공간은 길이 3.3m, 너비 1.2m로 남북으로 장축 방향을 두었다. 벽석은 길이 30㎝ 내외의 할석을 이용하여 가로와 모로 쌓기 방식으로 쌓았으며, 매장공간은 10여 매의 뚜껑돌로 덮었다. 남벽은 모로 쌓기 방식으로 쌓아 벽면의 내부가 고르지 않다. 매장공간 서쪽에 시신을 모신 목관과 유물을 부장하기 위한 관대가 마련되었다.

유물은 대부장경호(臺附長頸壺), 고배(高杯), 병(甁) 등 22점의 신라토기와 도자(刀子), 관못(棺釘) 등 10점의 철기류가 출토되었다. 종래에 경주 일원에서만 나온 훈(壎)과 신라 위신재(威信財)로 알려진 허리띠 장식이 포함되어 학계의 이목을 집중시켰다.

무엇보다 훈은 흙으로 빚은 악기로 신라인의 독특한 장례 문화를 보여주는 귀중한 유물이다. 허리띠 장식은 무덤 주인공의 신분과 위세를 상징하는 유물로 관복(官服)에 착용되었다. 훈과 허리띠 장식은 신라가 장수군 철산지를 각별하게 인식하였음을 알려준다. 신라 유물이 장수군의 위상과 중요성을 또다시 확인시켰다.

신라계 분묘유적은 산성과 서로 세트 관계를 이룬다. 장수 춘송리 4호분에서 나온 신라계 유물은 장수 침령산성 출토품과 속성이 서로 일치하여 무덤의 피장자가 침령산성과 관련이 깊은 인물로 추정된다. 신라는 장수군 등 전북 동부 철산지를 장악한 뒤 침령산성을 4배 이상으로 증축하고 그 부근에 신라계 대규모 분묘유적을 남겼다.

신라가 장수군을 장악한 기간이 70년 내외로 추정된다. 백제 못지않게 신라의 지배 기간이 길었다. 신라는 장수군 철산지를 전략상 요충지로 인식하고 중앙에서 직접 관리를 파견하여 다스렸다. 백제 무왕이 신라로부터 장수군을 다시 탈환함으로써『삼국사기』에는 장수군이 백제의 영역으로 나온다.

장수 침령산성은 신라계 산성의 최고봉으로 국가 사적이다. 장수 춘송리 고분군은 백두대간 서쪽에서 최대 규모 신라계 분묘유적이다. 신라문화유산은 장수군이 국가유산청 주관 특별법 5관왕을 달성하는데 결정적인 본바탕이었다. 현재까지 우리나라에서 국가유산청 주관 특별법 5관왕은 장수군이 유일하다.

14
가야에서 후백제까지 장수 침령산성

장수 침령산성이 역사적 학술적 문화재적 가치를 인정받아 국가 사적으로 승격되었다. 전북 동부 거점성이자 방어성으로 가야와 백제, 신라, 후백제의 토목기술을 한자리에서 실견(實見)할 수 있는 곳이다. 장수 동촌리 가야 고분군에 이어 장수군에서 두 번째 국가 사적이다. 동시에 장수군 첫 발굴비 지원의 성과물이자 장수군민들의 격려와 성원으로 일군 쾌거였다.

백두대간 품속 반파가야의 도읍지 장수군 장계분지 서쪽 산봉우리에 산성이 위치한다. 장계면 소재지에 바라본 산봉우리는 마치 머리에 쓰는 갓 모양이다. 백두대간 육십령을 넘어 전주 방면으로 향하는 옛길이 통과하는 방아다리재 남쪽 산봉우리다. 산성에서 바라본 장계분지는 한 폭의 그림처럼 펼쳐져 마치 아름답고 풍요로운 샹그릴라를 연상시킨다.

옛 문헌과 옛 지도에도 침령산성이 자주 등장한다. 『만기요람(萬機要覽)』, 『대동지지』, 「해동지도(海東地圖)」,

「대동여지도」 등 문헌 및 지도에 침치, 침치고성, 침령으로 표기되어 있다. 또 다른 이름으로 『삼국사기』에 산성이 등장할 가능성도 배제할 수 없을 것 같다. 우리 선조들이 침령산성을 중요하게 인식하고 기록을 풍성하게 남겼음을 알 수 있다.

2014년 장수군에서 처음 편성된 발굴비로 장수 침령산성이 발굴조사 대상지로 최종 선정되자 세간의 눈총이 매섭고 따가웠다. 당시까지만 해도 산성으로 오르는 진입로가 없었고, 산성 내에는 잡초와 잡목이 무성하게 우거져 사람들의 출입조차 여의치 않았다. 장수군 고대문화의 본질을 세상에 알리겠다는 신념으로 학술 발굴조사가 기획되었다.

2015년 국립군산대학교 발굴단은 산성 내 평탄지에서 개토제(開土祭)를 조촐하게 모시고 발굴조사에 들어갔다. 물웅덩이 부근에서 땅을 파 내려가자 유적이 그 속살을 드러냈는데 한마디로 충격이었다. 속계(俗界)의 염려가 환희로 바뀌는 순간이었다. 장수군 일원에 광범위하게 매장된 화강 편마암을 두부처럼 잘 다듬어 쌓아 올린 집수시설이 그 자태를 드러낸 것이다.

모든 산성에서 가장 중요한 것은 물이다. 만약 산성에서 물이 떨어지면 스스로 성문을 열고 성 밖으로 나와야 한다. 산성에서 물을 담아두던 구조물을 집수시설 혹은 집수정(集水井)이라고 부른다. 오늘날 물탱크와 그 역할과 기능이 같고 산성에서 가장 심혈을 기울여서 만든다. 지금까지 장수 침령산성에서 3개소의 집수시설이 모습을 드러냈는데, 1호 집수시설은 호남지방에서 최대 규모로 최고의 축조 기술을 자랑한다.

성벽은 축조 시기에 따라 그 위치를 달리한다. 반파가야와 백제는 산봉우리 거의 정상부를 따라 성벽을 둘렀는데, 성벽은 허튼층쌓기로 쌓았다. 신라 성벽은 산봉우리 중단부 남쪽 골짜기를 가로지르고 잘 다듬은 성돌을 가지고 바른층 쌓기로 쌓았다. 후백제는 무너진 성벽을 다시 쌓거나 남쪽에 치(雉)를 두었는데, 꿩 꼬리 모양의 치는 방어시설로 축성술의 압권이다.

후백제 건물지가 산성 내 남쪽 기슭 중앙부에서 조사되었다. 이 건물지는 길이 20m 내외로 지붕에 얹은 기와가 화재로 붉게 산화되어, 후백제 멸망의 아픔과 상처가 적나라하게 느껴진다. 또 다른 건물지가 산성 내 정상부에서 웅장한 모습을 드러냈는데, 전북 동부 산성 내 건물지에서 그 규모가 가장 크다. 후백제가 장수 침령산성을 핵심 산성으로 삼았음을 엿볼 수 있다.

유물은 토기류와 철기류, 목기류, 기와류, 초기청자가 나왔다. 토기류는 가야토기와 백제토기, 신라토기, 후백제 토기가 섞여 있으며, 후백제 토기가 절대량을 차지한다. 가야와 백제토기의 양이 많지 않은 것은 신라가 산성을 증축하는 과정에 흙 속에 매립되었을 개연성이 높다.

우리나라에서 처음으로 도르레와 진단구(鎭壇具)로 추정되는 대형 철제 솥, 아주 날카로운 쇠화살촉도 많이 나왔다. 기와의 출토량이 많아 기와집이 많았음을 알 수 있다. 나무로 만든 목기류와 목제 유물도 상당량 출토되었다. 후백제 멸망의 아픔을 간직한 1호 집수시설은 '후백제 박물관'을 연상시킨다.

고려는 산성 내 집수시설을 인위적으로 파괴하여 산성이 끝내 문을 닫았다. 당시 고려군이 유물을 집수시설 안에 투척하고 벽석을 무너뜨려 집수시설을 메웠다. 1100년 동안 땅에서 솟는 용출수가 유물을 철통같이 잘 지켜 수 백점의 유물이 집수시설에서 출토되었다.

장수 침령산성은 가야와 백제, 신라, 후백제 성벽을 함께 회우(會遇)할 수 있는 한반도 고대 축성술 박물관이다. 반파가야가 처음 터를 닦고 잠시 백제에 의해 운영되다가 그 운영 주체가 신라로 바뀌었다. 신라는 장타원형 산정식 산성을 4배 이상 포곡식으로 확장한 뒤 전북 동부 철산지의 방비와 국경을 방어하기 위한 거점성으로 삼았다.

충북 옥천 관산성 전투에서 승리를 거둔 신라는 전북 동부 철산지를 장악하고 철의 생산과 유통으로 국력을 다져 삼국 통일의 토대를 구축하였다. 후백제는 돌의 마술사를 연상시킨 축성술의 교초(翹楚)를 남쪽 치에 꽃피웠다. 장수 침령산성은 전북 동부 고대사의 축소판(縮小版)이자 축성술의 백과전서(百科全書)이다.

15
신라, 침령산성을 4배로 증축하였다

554년 충북 옥천 관산성 전투가 전북 고대사의 판도를 바꾸었다. 백제는 불의의 성왕 전사로 전쟁에서 참패한 뒤 곧이어 몹시 깊은 구렁텅이로 빠진다. 5세기 말 이미 백두대간을 넘어 무주군 철산지로 진출해 있었던 신라가 절호의 기회를 놓치지 않았다.

이때 신라는 전북 동부 철산지를 쓰나미처럼 장악한 뒤 장수 침령산성을 4배 이상으로 확장하였다. 이때 장수 침령산성을 포곡식으로 크게 증축한 뒤 금강 최상류를 관할하기 위한 거점성이자 교두보(橋頭堡)로 삼았다. 『삼국사기』 등 문헌에는 등장하지 않지만 고고학으로 밝혀낸 역사적 사실이다.

장수 침령산성에서 신라 산성의 특징이 파악되어 학계의 이목을 집중시켰다. 성벽은 줄을 띄워 바른층쌓기로 곧게 쌓았는데, 남쪽 성벽의 최대 높이가 12m 내외로 전북의 산성에서 가장 높다. 산성 부근에서 채석한 흑운모 편마암을 잘 다듬은 성돌은 그 두께가 상당히 얇다. 성벽 하단부에서 보축 시설도 확인되었으며, 동쪽 성문은 현문식(懸門式)이다. 모두 다 신라 산성의 특징들로 최고의 축성술을 자랑한다.

2019년 2호 집수시설에서 신라토기가 출토되어, 신라의 진출을 유물로 다시 입증하였다. 집수시설은 그 평면 형태가 원형으로 5단의 계단식이다. 벽석은 하단부를 신라가 상단부를 후백제가 쌓아 서로 축조기법에서 큰 차이를 보였다.

여기서 그치지 않고 산성 서쪽에서 20여 기의 대형 고분이 발견되었는데, 2023년 국립군산대학교 가야문화연구소 주관 학술 발굴조사로 신라계 분묘유적으로 밝혀졌다. 산성과 무덤이 서로 불가분의 관계를 이루어 장수군으로 신라의 진출이 확인되었다.

무슨 이유로 신라는 산정식 가야 산성을 4배 이상의 포곡식으로 확장하였을까? 전북 동부에서 최대 규모의 철산지였던 장수군을 매우 중요하게 인식하였기 때문이다. 아무래도 전북 동부 철산지를 순식간에 장악하였던 신라가 가야 산성의 남쪽 성벽을 헐고 넓게 확장하였음을 알 수 있다.

그렇다면 장수 침령산성이 또 다른 이름으로 『삼국사기』에 등장할 가능성도 충분하다. 고고학과 문헌사학의 융복합 연구가 절실한 시점이다. 왜냐하면 반파가야 못지않게 백제와 신라가 침령산성에 국력을 쏟았기 때문이다. 앞으로 곧 침령산성의 본래 이름을 찾는데 민관학의 관심과 참여가 절실한 대목이다.

한편 남원 아막성(阿莫城)에서도 신라계 산성을 만날 수 있다. 백두대간 치재와 복성이재 남쪽 산봉우리에 남원 아막성이 있다. 남원 아막성은 그 평면 형태가 방형으로 둘레 640m이다. 백두대간 산줄기를 따라 서쪽 성벽이 축조되었고, 백두대간에서 동북쪽으로 갈라진 두 갈래의 산자락에 남쪽과 북쪽 성벽이 통과한다. 그리고 두 산자락 사이 계곡부를 북벽이 동서로 가로지른다.

성벽의 축조기법은 바른층 쌓기로 신라 산성의 핵심 축조기법이다. 성돌은 대부분 흑운모 편마암 계통의 석재를 방형 혹은 장방형으로 정교하게 잘 다듬었으며, 그 두께는 상당히 얇다. 후백제 성벽은 신라계 성벽보다 두 배 정도 더 두껍다.

성벽은 줄을 띄워 쌓았지만 그 모습이 품(品)자형을 이루지 않는다. 성돌과 성돌 사이에 틈이 거의 생기지 않을 정도로 아주 치밀하게 쌓았다. 6세기 중엽 경 신라가 쌓은 장수 침령산성과 성벽의 축조기법이 흡사하다. 신라에 의해 두 산성이 증축되었음을 알 수 있다.

2020년 산성 내 북쪽 기슭 가장 하단부에서 동서로 긴 장방형의 집수시설이 조사되었다. 집수시설은 두께가 얇은 흑운모 편마암을 가지고 수직으로 벽석을 쌓았으며, 그 규모는 길이 950cm, 너비 710cm, 높이 250cm이다. 유물은 집수시설의 자연 퇴적층에서 토기류와 기와류, 목제 유물, 슬래그와 노벽편, 다양한 동물 유체 등이 출토되었다.

노벽편과 슬래그가 집수시설에서 나온 것은 매우 이례적이다. 이 산성에 대장간 혹은 공방지가 자리하고 있을 개연성이 높다. 아직은 발굴조사가 시작 단계에 불과하지만 운봉고원에 기반을 둔 기문가야가 산성의 터를 처음 닦은 뒤 6세기 중엽 경 신라가 포곡식 산성으로 증축하였던 것 같다. 이 무렵 전북 동부 철산지가 대부분 신라 영역에 편입되었음을 말해준다.

백제는 신라의 아막성을 탈환하기 위해 20년 넘게 치열한 전쟁을 벌였다. 백제 무왕은 왕위에 오른 뒤 3년 만에 4만의 군대를 동원하여 신라 아막성을 공격하였지만 다시 대패하였고, 616년에도 그 뜻을 이루지 못하였다. 백제가 백두대간 산줄기를 넘기 위해 20

년 이상 계속된 아막성 전투는 운봉고원 철산지를 수복하기 위한 철의 전쟁이 아닌가 싶다.

백제 무령왕은 반파가야와 3년 전쟁에서 승리를 거두어 기문가야를 정치적으로 복속시켰다. 그러다가 554년 충북 옥천 관산성 전투 이후 신라에 빼앗긴 운봉고원 철산지를 다시 찾으려고 백제 무왕이 철의 전쟁을 이끌었다. 이 무렵 익산이 백제의 핵심 거점으로 급부상하였고, 2015년 익산 왕궁리 유적과 미륵사지가 세계유산에 등재되었다.

전북 동부 철산지의 지배권이 신라에서 백제로 바뀌었다. 백두대간 동쪽 운봉고원 철산지를 되찾은 백제는 꽤 오랫동안 신라 공격이 소강상태를 이룬다. 백제의 중흥 프로젝트를 추진하였던 백제 무왕에게 전북 동부 철산지의 장악이 얼마나 절실하였던가를 말해준다. 장수군 등 전북 동부 철산지는 익산 백제를 건설하는 데 필요한 백제 국력의 원동력이었다.

16
장수 침령산성 신라 가잠성 아닐까?

『삼국사기』에 네 번 등장하는 성(城)이 있다. 가잠성(椵岑城)이다. 611년 백제가 신라 가잠성을 공격하여 장악하였다. 618년에는 신라가 다시 가잠성을 공격하여 탈환하였고, 628년 백제가 가잠성을 되찾기 위해 공격하였지만 실패하였다.

모두 세 차례의 가잠성 전투에서 백제가 한번 승리하고 신라는 두 번 이겼다. 684년에는 고구려 유민들이 세운 보덕국(報德國)이 반란을 일으키고 경주로 가던 중 가잠성 남쪽 7리에서 진을 쳤다고 나온다. 이 기록은 가잠성을 찾는데 핵심 바로미터(barometer)이다.

종래에 가잠성과 관련하여 경기 안성설, 충북 보은설·괴산설·영동설, 전북 무주설·익산설·장수설, 경남 거창설 등이 있을 정도로 학계의 핫한 이슈였다. 7세기 전반 이른 시기 백제와 신라의 국경선 부근에 자리한 가잠성은 684년 문헌의 내용이 그 위치를 비정하는 바로미터이다.

다시 말해 전북특별자치도 익산시 금마면을 출발하여 경주까지 이어지는 옛길이 통과하는 전략상 요충지에 가잠성이 자리하고 있을 개연성이 높다는 것이다. 보덕국 반란군이 백두대간 어떤 고개를 넘었을까? 익산에서 경주까지 가려면 백두대간을 넘어야 한다. 백두대간 육십령을 넘던 옛길은 거리상으로 가장 가깝고 경제성과 신속성, 효율성이 탁월하여 사람들의 왕래가 많았다.

다행히 백두대간 육십령을 넘어 경주까지 이어진 옛길이 통과하는 방아다리재 부근에 장수 침령산성이 위치한다. 684년 실복 등 보덕국 반란군이 안승(安勝)을 만나러 경주로 갈 때 장수 침령산성 부근 장수군 장계분지에서 진을 치지 않았을까?

장수군 장계분지는 금강 최상류에서 가장 넓은 충적지로 반파가야의 도읍지였다. 선사시대부터 한결같이 사통팔달하였던 교통의 중심지이자 전략상 요충지로 전북 동부에서 최대의 정치 중심지를 이루었다. 백두대간 육십령을 넘어 경주까지 이어진 옛길도 장계분지를 동서로 가로지른다.

게다가 산의 형국이 마치 갓 모양이다. 장수 침령산성이 장수군 장계분지 서쪽 갓 모양의 산봉우리에 터를 잡아 가잠(椵岑)이라는 문헌의 내용을 충족시킨다. 가잠은 머리에 쓰는 갓 모양으로 달리 삿갓봉으로도 불린다. 장수 침령산성이 위치한 산봉우리는 한자로 표현하면 가잠이다.

모두 네 차례의 학술 발굴조사를 통해 장수 침령산성의 역사성이 검증되었다. 이 산성은 반파가야가 산성의 터를 처음 닦고 장타원형의 산정식 성벽을 둘렀다. 그러다가 6세기 중엽 경 신라가 4배 이상의 포곡식 산성으로 확장하였다. 가야계 산성이 신라계로 다시 태어난 것이다.

554년 충북 옥천 관산성 전투에서 승리한 신라는 전북 동부 철산지를 장악한 뒤 장수 침령산성을 확장한 뒤 거점성으로 삼았다. 남원 아막성과 함께 신라계 산성으로 철산지 방비와 국경선 방어 전략을 함께 수행하였을 것으로 추측된다. 전북 동부 철산지가 대부분 신라 영역으로 편입되었다.

장수 침령산성은 남쪽 골짜기를 가로지르는 포곡식으로 확장된 남쪽 성벽이 바른층쌓기로 신라 산성의 축조기법이다. 여기에 성벽 중간에 걸친 동쪽 성문은 현문식으로 신라 산성의 핵심 시그니처(signature)이다. 전북 동부에서 남원 아막성과 함께 신라계 산성의 최고봉이다.

모두 두 개소의 집수시설에서 지방관인 별도중재도사촌(別道中在道使村) 신라 관직명 목간과 다량의 신라토기가 출토되었다. 유적과 유물을 근거로 6세기 중엽부터 7세기 전반 이른 시기까지 신라가 장수 침령산성을 중축한 뒤 장악하고 있었음이 입증되었다. 역사고고학이 일군 큰 쾌거이다.

신라계 산성은 산성과 고분군에 서로 세트 관계를 이룬다. 이 산성에서 서쪽으로 뻗은 산줄기 정상부에 장수 춘송리 신라 고분군이 자리하고 있는데, 장수군 고대 분묘유적 중 가장 높은 산줄기에 위치한다. 영남지방에서 밝혀진 신라계 산성의 특징이 전북 동부에서 최초로 확인되었다.

2024년 장수 춘송리 4호분에서 흙으로 만든 전통악기인 훈과 대부광구장경호 등 20여 점의 신라토기, 철기류가 출토되었다. 이 고총은 봉분 직경 18m로 서쪽에 20m 이상 되는 또 다른 고총과 봉분이 서로 붙은 연접분으로 관대가 마련된 6세기 후엽 경 횡구식 석실묘로 밝혀졌다.

역사고고학으로 본 장수 침령산성은 문헌의 가잠성 내용과 고고학 자료가 거의 일치한다. 이 산성의 남쪽에 상당히 넓은 평탄지가 조성된 것은 군사적인 기능 못지않게 행정적인 기능도 병행하였기 때문이다. 전북 동부 신라계 산성의 두드러진 특징이다.

장수 침령산성은 운봉고원 철산지를 지킨 아막성과 함께 신라계 핵심 거점성이었다. 신라가 전북 동부 철산지를 장악한 기간은 대략 70년 남짓이다. 이 기간 동안 신라가 삼국 통일의 기틀을 굳건히 다졌음에도 불구하고 신라사 연구에서 초대를 받지 못하였다.

2023년 국가 사적으로 승격된 장수 침령산성이 추가 학술 발굴조사로 문헌 속 가잠성으로 다시 태어났으면 한다. 『삼국사기』에 가잠성은 아막성과 함께 서로 빛과 그림자처럼 등장한다. 백제는 운봉고원 철산지를 탈환하기 위해 20여 년 동안 아막성에서 신라와 철의 전쟁을 치렀다.

2025년 국가유산청과 장수군 발굴비 지원으로 추가 학술 발굴조사가 예정되어 있다. 이 산성에서 바라본 백두대간과 금남호남정맥이 마치 파노라마(panorama)처럼 펼쳐져 최고의 경관을 자랑한다. 전북 동부에 수많은 산성 중 유일하게 국가 사적으로 지정되었기 때문에 산상 음악회, 산성 문화제 등 산성의 활용방안이 마련되었으면 한다.

17
후백제, 계단식 집수시설을 남기다

 후백제 때 장수 침령산성이 다시 전북 동부 거점성으로 부활하였다. 장안산에서 법화산으로 이어진 산줄기에 둔 남쪽 치성(雉城)에서 후백제 성벽의 축조기법이 확인되었다. 성벽은 바른층쌓기로 쌓고, 성돌은 방형 혹은 장방형으로 신라의 성돌보다 상당히 두껍다. 산성의 남쪽 성벽에서도 신라와 후백제를 함께 만날 수 있는데, 후백제가 신라 산성의 무너진 성벽을 다시 쌓았기 때문이다. 그때까지만 해도 신라 산성이 건강하게 잘 보존되어 있었던 것 같다.

 산성의 내부 시설도 획기적으로 바뀌었다. 후백제 대형 건물지와 3개소의 집수시설이 그 위용을 드러냈다. 남쪽 기슭 중단부에 위치한 대형 건물지는 큰 화재로 건물이 소실되어 지붕에 얹은 기와가 대부분 붉게 산화된 상태였다. 후백제 멸망의 아픔이 아닌가 싶다.

 산성 내 정상부에 자리한 1호 집수시설은 호남지방

최대 규모로 그 평면 형태가 원형으로 계단식이다. 현재 4단 높이로 남아있는데, 본래 6단이었을 것으로 추정된다. 자연생토층을 직경 16m로 파낸 뒤 그 안에 직경 12m, 깊이 4m의 집수시설을 두었다. 호남지방에서 그 존재를 드러낸 집수시설 중 최대 규모이다. 후백제도 신라 못지않게 장수군 철산지를 소중하게 인식하였음을 알 수 있다.

집수시설은 물이 세지 않도록 점성이 강한 진흙을 1.5m 두께로 아주 견고하게 다졌다. 한마디로 최첨단 기술이 결정체이다. 벽석은 편마암 계통의 석재를 정교하게 다듬어 수직으로 쌓은 뒤 그 위에 판자모양 석재로 덮었다. 바닥면은 판석형 할석을 가지고 빈틈이 생기지 않도록 아주 정교하게 깔았다. 이제까지 학계에 보고된 후백제 집수시설 중 독보적인 축조 기술을 자랑한다.

유물은 토기류와 기와류, 철기류, 목기류, 초기청자편 등이 출토되었다. 호남지방에서 학계에 보고된 집수시설 중 유물의 종류와 그 출토량이 가장 풍부하고 다양하다. 후백제 유물이 1,000여 점 넘게 쏟아져 후백제 박물관의 수장고(收藏庫)를 연상시켰다. 장수 침령산성이 폐기되는 과정에 유물을 집수시설로 한데 모으고 메웠기 때문이다. 당시에 후백제 역사 지우기가 강행된 것이다.

우리나라 산성에서 처음 나온 철제 도르레는 집수시설 물이 빠져나가는 수문을 오르고 내리던 도구이다. 후백제 군인들이 직접 사용하던 쇠 화살촉도 다량으로 쏟아졌다. 지하에서 물이 솟아 목간, 목기 등 목제 유물을 잘 지켜 주어 후백제 생활상을 복원하는데 크게 기여할 것으로 예상된다. 후백제역사관의 건립이 절실한 대목이다.

1호 집수시설에서 나온 초기청자는 진안 도통리 1호 벽돌가마에서 만든 초기청자와 유물의 속성이 대동소이하다. 진안 도통리는 오직 초기청자만 생산하다가 가마터의 문을 닫은 곳이다. 진안 도통리 1호 벽돌가마는 오월(吳越) 월주요(越州窯) 상림호(上林湖) 벽돌가마와 흡사하게 정교하게 쌓았다.

그러나 시흥 방산동, 용인 서리 등 한반도 중부지방 벽돌가마는 상당히 조잡하게 만들어 진안 도통리 벽돌가마와 큰 차이를 보인다. 벽돌가마의 벽석 축조기법이 서로 다른 것은 운영 시기 및 운영 주체가 달랐음을 암시한다. 중국식 벽돌가마는 기술을 전하여 받는 전수(傳受)가 매우 어렵다고 한다.

중국 청자의 본향(本鄕)이 오월이다. 우리나라 역대 왕조 중 오월과 가장 돈독한 국제외교를 펼친 나라가 후백제다. 후백제와 오월은 반세기 동안 혈맹적인 국제외교를 펼쳤다. 그러나 고려는 오월과 국가 대 국가의 국제외교가 확인되지 않음에도 불구하고 청자 앞에 고려의 수식어가 꼭 따라붙는다.

한반도 청자 제작 기술의 출발지도 오월 월주요이다. 그렇다면 후백제와 오월 반세기 국제외교의 결실로 청자를 굽던 도공과 벽돌가마를 만들던 전축공이 후백제 파견되었을 개연성이 높다. 그래서 그런지 한반도에서 유일하게 진안 도통리 벽돌가마가 오월 월주요 벽돌가마를 쏙 빼닮았다.

진안 도통리 1호 벽돌가마는 인위적으로 파괴된 뒤 그 안에 길이 43m로 진흙가마가 서로 중첩(重疊)되어 있다. 한반도에서 학계에 보고된 진흙가마 중 그 길이가 가장 길다. 후백제 멸망으로 중국식 벽돌가마가 파괴되고 그 안에 한국식 진흙가마가 다시 만들어졌다. 이것은 진안 도통리 청자 요지의 운영 주체가 후백제에서 고려로 바뀐 것을 의미한다.

장수 침령산성 1호 집수시설에서 후백제 초기청자가 나온 것은 시사하는 바가 크다. 전주 동고산성을 중심으로 한 장수 합미산성, 남원 실상사·만복사지, 임실 진구사지, 익산 미륵사지·왕궁리 유적, 정읍 고사부리성, 고창 반암리 벽돌가마 출토품과 그 의미가 같다. 어떻게 보면 후백제 초기청자는 후백제의 영역과 첨단기술을 모두 대변한다.

전북 동부에서 300여 개소의 제철유적이 무더기로 발견되었다. 백두대간과 금남정맥, 금남호남정맥 산줄기를 따라 제철유적이 산재해 있다. 장수군 장계면 명덕리 대적골 제철유적에서 후백제 기와류가 출토되어, 후백제의 철산개발이 고고학 자료로 검증되었다. 장수군을 중심으로 한 전북 동부 제철유적은 후삼국 맹주(盟主) 후백제 국력의 화수분이 아닌가 싶다.

후백제 멸망 5년 뒤 벽계군이 벽계현(璧溪縣)으로 강등되었다. 가야계 봉화 왕국을 탄생시킨 반파가야의 도읍이 군(郡)에서 현(縣)으로 홀연히 그 위상이 낮아졌다. 장수 침령산성·합미산성, 남원 아막성 등 전북 동부 산성들도 그 임무를 중단하고 천년의 긴 잠 속으로 빠져들었다.

더욱 안타까운 것은 전북 동부 철산지가 북한의 삼수갑산(三水甲山)과 함께 오지를 암시하는 무진장(茂鎭長)으로만 회자되고 있다는 점이다. 흔히 역사는 기억하는 자의 몫이라고 한다. 전북 동부 철기문화의 역사성이 부활 될 때까지 전북 동부가 대규모 철산지였다는 사실을 꼭 기억하였으면 한다.

18
장수 합미산성 왕바위와 견(진)훤왕

 2000년 겨울 국립군산대학교 고고학팀이 장수군 장수읍 용계리 안양마을을 찾았다. 조사단은 팔공산 일원 문화유적의 현황을 파악하기 위한 지표조사를 실시하기 위해서였다. 고고학에서 유적을 찾고 알리는 과정이 지표조사로 유적의 족보를 만드는 과정이다.

 다행히 겨울철 농한기라 마을 주민들이 마을 회관에 대부분 모여 있어서 면담조사에서 커다란 성과를 거두었다. 팔공산 골짜기마다 절터가 잘 남아있다는 어르신들의 제보는 솔직히 충격 그 자체였다. 어르신들은 장수군 최고의 고고학자들이다.

 이 마을 한 어르신이 왕바위 이야기를 꺼냈다. 장수 합미산성 동쪽 산속에 상당히 크고 넓적한 바위가 있는데, 이 바위를 왕바위라고 부른다는 것이다. 이곳까지 행차한 왕이 잠시 바위에 올라 쉬었다 가서 왕바위라는 이야기가 전해진다고 하여, 조사단에서는 혹시 어느 왕인지 알 수 있느냐고 여쭈었더니, 어르신께서는 주저하지 않고 득달같이 견(진)훤왕이라고 하였다.

조사단은 면담조사를 끝내고 마을회관을 막 나서려고 하는데 어르신께서 한사코 왕바위까지 직접 안내해 주시겠다고 하여 큰 감동을 주었다. 어르신 안내로 도착한 곳은 장수 합미산성 동쪽 기슭 중단부로 지형은 그다지 가파르지 않았다. 낙엽송 등 잡목 속에서 상당히 큰 바위가 시야에 들어왔는데, 그 바위가 바로 왕바위라고 어르신께서 설명해 주었다.

놀랍게도 왕바위는 전혀 관리가 되지 않고 잡목 속에 갇혀 있었다. 이 바위 사방에 금줄이 둘러져 무속인들의 기도처로 이용될 정도로 길이 5m, 높이 2m 내외로 윗면이 편평해 사람이 올라 머물 수 있을 만큼 상당히 넓었다. 왕바위 주변에는 작은 바위가 더 있었지만 당시에 유적의 흔적이 확인되지 않았고, 유물도 발견되지 않았다.

후백제 시조 견(진)훤왕이 왕바위를 찾았을까? 그 개연성은 충분하다. 장수 합미산성 학술 발굴조사에서 단서가 확인되었다. 장수 합미산성에서는 가야토기와 백제토기, 후백제 유물이 서로 섞인 상태로 나왔다. 이를 근거로 반파가야가 산성의 터를 처음 닦은 뒤 잠시 백제를 거쳐 후백제가 국력을 쏟아 산성을 다시 쌓아 성벽이 원형대로 잘 보존되어 있다.

장수 합미산성은 후백제 축성술의 정점이다. 성돌은 방형 혹은 장방형으로 잘 다듬고 그 길이가 상당히 길어 달리 견치석(犬齒石)으로도 불린다. 성벽은 줄을 띄워 줄쌓기와 아래에서 위로 올라가면서 들여쌓기, 한자 품(品)자형 쌓기 방식으로 쌓았다. 후백제 첨단과학의 결정체이다.

성벽이 90% 이상 원상대로 잘 보존되어, 산성의 형상이 국사 교과서에 자주 등장하는 고구려 백암성 못지않게 위풍당당하다. 후백제 문화유산의 랜드마크이다. 백 번 듣는 것보다 한번 보는 게 더 낫다는 격언처럼 누구나 다 장수 합미산성을 꼭 다녀왔으면 한다.

고구려 축성술의 전달자로 보덕국이 가장 유력하게 떠오른다. 668년 고구려 멸망 이후 고구려 유민들이 익산시 금마면 금마저(金馬渚)에 세운 나라가 보덕국이다. 20년 넘게 금마에 있으면서 고구려 문화유산의 DNA를 전북에 전파시킨 나라이다.

674년 신라는 고구려 부흥운동을 이끈 안승을 보덕국 왕으로 임명하였고, 684년 보덕국 사람들이 봉기하자 이를 진압하고 남원경 등 전북 동부에 강제 이주시켰다. 전북 동부에 고구려의 축성술이 곧장 전파된 역사적 실마리가 되었다. 여기서 그치지 않고 전북 동부는 대규모 철산지였다.

기원전 37년 동명왕 주몽(朱蒙)이 세운 고구려는 도읍지가 세 곳이다. 중국 요령성 환인과 길림성 집안, 평양 등 모두 두 개소의 성을 두었다. 고구려 왕은 평상시 평지성에 머물러 있다가 유사시 전쟁이 일어나면 산성으로 이동하여 장기전에 대비하였다.

고구려 두 번째 도읍 집안에서 평지성인 국내성과 산성인 환도산성이 가장 유명하다. 첫 번째 도읍 환인과 세 번째 도읍 평양도 이성(二城) 체제이다. 후백제의 도읍 전주도 평지에 왕성과 산봉우리에 산성을 두어 고구려의 도성체제를 그대로 닮았다.

우리나라 고대 왕조 중 아직도 왕궁터를 찾지 못하고 있는 유일한 나라가 후백제다. 아무리 생각해도 후백제에 대한 무관심에서 기인한다. 후백제 왕궁의 위치와 관련하여 물왕물설, 동고산성설, 인봉리설 등이 있다. 전주시 중노송동 인봉리 경우만 유일하게 반달 모양의 후백제 도성 안에 위치한다.

모두 아홉 차례의 발굴조사로 전주 동고산성이 후백제 피난성으로 검증되었고, 견(진)훤왕은 통상시 인봉리에 머물다가 비상시 전주 동고산성으로 이동한 것으로 추정된다. 장수 합미산성은 성벽의 축조기법이 전주 동고산성과 서로 닮아 그 축성 주체가 후백제로 밝혀졌다.

후백제는 보덕국이 전수해 준 고구려 축성술을 더 승화시켜 장수 합미산성을 다시 쌓았다. 이 산성은 후백제 산성의 축조기법이 하나로 응결된 후백제 산성의 랜드마크이다. 반파가야가 처음 터를 닦고 쌓은 산성을 후백제가 국력을 쏟아 증축하였다.

1100년 세월의 풍상을 굳건히 이겨내고 아주 건강한 모습으로 잘 보존되어 있다. 견(진)훤왕이 산성을 방문하였을 때 당연히 왕바위에 올랐을 것으로 추측된다. 견(진)훤왕의 자취가 배인 왕바위를 후백제 역사 문화 콘텐츠로 활용되었으면 한다. 왕바위는 후백제 콘텐츠의 제왕이다.

장수군에서 또 다른 경제 중심지가 장수 합미산성 서쪽 대성고원이다. 장수군 장수읍 대성리·식천리 일대로 수계상으로는 섬진강 유역에 속한다. 금·은·동·철 등 지하자원의 보고로 대성(大成)이라는 지명도 지하자원에서 유래된 것 같다. 공주 무령왕릉 수문장 진묘수도 대성고원의 곱돌로 만들었다고 한다. 장수산 곱돌은 철광석과 함께 장수군 발전의 밑거름이었다.

19
장수 대성고원, 최첨단산업단지

 우리나라 전통지리학의 지침서가 『산경표』다. 산줄기가 물줄기를 가른다는 산자분수령(山自分水嶺)의 핵심 원리에 근거를 두고 우리나라의 산줄기를 15개로 구분해 놓았다. 백두대간과 장백정간, 금남정맥과 호남정맥 등 13의 정맥으로 나누었다. 일제는 『산경표』의 맥과 정기를 끊으려고 산맥도(山脈圖)를 발표하고 15개의 산줄기를 15개의 산맥으로 이름을 바꾸었다.

 모두 15개의 산줄기 중 그 길이가 65km로 가장 짧은 것이 금남호남정맥이다. 전북 동부를 동서로 가로지른다. 백두대간 영취산을 출발해 장안산을 지나 물의 운명을 갈라놓은 수분령을 경유하여 신무산에 당도한다. 신무산은 금강 발원지 뜬봉샘을 거느린 명산으로 그 정상부에 반파가야의 봉화가 배치되어 있다.

 신무산에서 그 방향을 서북쪽으로 틀어 여덟 개의 절터로 유명한 팔공산에 도달한다. 신무산과 팔공산 사이에 장수 합미산성과 원수봉 봉화가 장수군을 든

든하게 지켜준다. 팔공산 북쪽 고갯마루가 서구이재로 고려 말 이성계가 고려군을 이끌고 황산으로 진군할 때 넘던 고갯길이다. 팔공산에서 성수산까지의 구간이 장수군과 진안군의 행정 경계를 이룬다.

금남호남정맥은 과학으로 북쪽의 금강과 남쪽의 섬진강 분수령을 이룬다. 한 방울의 물방울도 예외로 이전하지 않고 엄정하게 두 갈래의 물줄기로 갈라놓는다. 백두대간 영취산에서 성수산까지의 구간이 장수군의 자연 경계를 이루었다. 1906년 섬진강 유역에 속한 남원군 번암면과 산서면이 장수군으로 편입되어, 오늘날 장수군이 금강과 섬진강을 모두 거느린다.

1906년 이전 장수군에 위치하면서 섬진강 유역에 속한 곳이 대성고원이다. 금남호남정맥 서쪽으로 팔공산 서남쪽에 위치한다. 행정 구역상으로는 전북특별자치도 장수군 장수읍 대성리 · 식천리가 여기에 해당한다. 팔공산에서 서남쪽으로 갈라진 산줄기가 상당히 험준해 섬진강 유역에 속하지만 행정 구역상 장수군 장수읍으로 편입되어 있다.

장수 대성고원의 대성(大成)이라는 지명에 역사의 비밀이 숨어있다. 국어사전에 대성은 크게 이룬다는 뜻으로 그 의미가 남다르다. 문묘 혹은 향교 안에 공자의 위패를 모시고 제사를 지낸 전각을 대성전(大成殿)이라고 한다. 아직은 대성고원에서 대성의 역사성이 검증되지 않았지만 크게 번성한 발전상과 연관성이 깊다.

2024년 국립군산대학교 고고학팀에 의해 대성고원이 지하자원의 보고로 다시 태어났다. 이곳은 무궁무진한 금광·은광·동광·철광 매장지로서 장수 곱돌로 유명한 각섬석암의 고향이다. 모두 다 부와 국력의 화수분으로 대성고원 남쪽 묘복산 서북쪽 구평마을 부근에서 캐낸 곱돌이 품질상으로는 최상급이라고 한다.

고려시대 때 대성고원에 대성소(大成所)가 설치되었다. 소(所)는 왕실과 관아에서 필요한 수공업과 광업, 수산업 부문의 공물(貢物)을 생산하기 위하여 만들어진 곳이다. 아직은 대성소의 위치와 그 실체가 검증되지 않았지만 금소·은소·동소·철소와 무관하지 않을 것 같다.

2024년 국립군산대학교 고고학팀 주관 지표조사 때 쇠터골과 쇠막골, 세금골, 분무골, 점은골, 광산골, 옥재골, 정두간골 등의 지명들이 확인되어 그 연관성을 높였다. 지명으로도 대성고원이 철과 옥, 곱돌 등을 생산하던 최첨단산업단지였음을 유추해 볼 수 있다. 전북 동부 소의 제왕은 대성소가 아닌가 싶다.

여기서 그치지 않고 2기의 대형고분이 발견되었다. 팔공산에서 서남쪽으로 뻗은 산자락 정상부로 봉분의 직경이 15m 내외로 봉분의 하단부가 서로 붙은 연접분이다. 장수군에서 그 존재를 드러낸 240여 기의 가야계 혹은 신라계 봉토분은 대부분 연접분으로 장수군의 장례문화가 후백제까지 지속된 것 같다. 아직은 그 역사성을 검증하기 위한 학술 발굴조사가 이루어지지 않았지만 풍수지리상 후백제 분묘유적으로 추정된다.

전북 동부에서 대성고원은 또 다른 장수군 첨단과학산업단지였던 것 같다. 자연이 선물한 무궁무진한 지하자원과 이를 개발 운영하던 대성소, 관방유적 및 통신유적이 이를 실증적으로 뒷받침한다. 장수 합미산성을 중심으로 동쪽은 신무산, 서쪽은 오성리 봉화봉, 북쪽은 원수봉, 남쪽은 묘복산 봉화가 철통같이 대성고원을 감시한다.

2025년 5월 9일 장수군이 국립완주문화유산연구소와 업무협약식을 체결하였다. 향후 10년 동안 장수군 내 고대 역사 문화자원의 조사연구 및 공동사업개발

추진, 문화유산 보존과 활용을 위한 학술 및 행정지원 협력, 문화유산 가치 제고를 위한 제반 활동 등을 공동으로 추진하기로 하였다. 장수군의 고대문화가 복원을 통한 부활을 기원해 본다.

20
장수군, 후백제 불국토 아니었을까?

 흔히 지명은 그 지역의 역사라는 격언이 있다. 부처가 있는 나라 또는 부처가 교화하는 극락정토(極樂淨土)를 불국토라고 한다. 8세기 중엽 김대성이 불국사를 창건할 때 신라 사람들은 신라를 불국토로 생각하였다. 삼국 통일을 이룬 한 세기 뒤 신라인들이 삼국 통일의 위업과 왕실의 복락, 신라의 번영을 염원하며 신라를 불국토로 인식하였던 것이다.
 장수군에 소재한 법화산과 백화산, 영취산, 팔공산의 의미를 하나로 취합하면 불국토가 된다. 우리나라 단일 지자체 중 대단히 많은 수의 불교 용어의 산 이름이 확인되는 곳은 장수군이 유일하다. 장안산이 또다시 불국토의 당위성을 높여 준다. 더군다나 지명의 제왕으로 회자되는 봉황산도 장수군에 있다. 장수군은 지명으로 정치와 경제, 종교를 수놓았다.
 모든 경전의 정수가 법화경(法華經)이다. 석가모니의 40년 설법을 집약한 경전이다. 법화경에서 유래된 법화산이 장수군 천천면 춘송리와 삼고리와 계남면 화양리 경계에 위치한다. 이 산 남쪽에 소재한 봉화산보다 산의 높이가 낮아 적지 않은 의구심(疑懼心)을 자아낸다.

언제부터 법화산으로 불렀는지 아직은 학술적으로 검증되지 않았다. 장수와 장계의 화합과 상생을 위한 반파가야의 탐방로가 싸리재에서 시작해 봉화산, 법화산을 거쳐 장수 침령산성까지 이어진다. 경기 용인시와 경남 함양군, 충남 공주시에도 법화산이 더 있다.

백두대간은 한반도의 등뼈이자 자연생태계의 보고이다. 금남호남정맥이 백두대간에서 시작하는 분기점에 영취산이 있는데, 백두대간 명산으로 금강과 남강(南江), 섬진강의 분수령이다. 영취산은 불교 관련 핵심 지명으로 아직은 그 역사성이 고증되지 않았다.

고대 인도 마가다국의 수도 라자그리하(王舍城) 주위에 있던 산인데 석가모니의 설법 장소로 유명하다. 여수 영취산 등 8개의 영취산이 전국에 더 있다. 2015년 국가유산청 긴급 발굴비 지원으로 반파가야의 봉화대와 산정식 산성이 학술 발굴조사로 그 역사성이 검증되어 학계의 이목을 집중시켰다.

백두대간 영취산에서 북쪽으로 뻗은 산자락에 백화산이 위치한다. 마치 한 폭의 동양화처럼 천혜의 자연경관을 자랑하는 장수군 장계분지가 한눈에 잘 조망된다. 아직은 백화산의 의미를 단정할 수 없지만 관세음보살과 연관성을 배제할 수 없을 것 같다. 화엄경에서 관세음보살이 상주하는 산스크리티어 '버타락가(補陀落迦)'를 번역한 불교에서 쓰는 용어가 백화도량이다.

백화산 산봉우리에서 서북쪽으로 뻗어 내린 세 갈래의 산자락에 반파가야의 수장층(首長層) 및 지배층 무덤과 여덟 갈래 봉화로의 정보를 하나로 취합하던 장수 삼봉리 산성이 있다. 장계천을 사이에 두고 장계면 삼봉리 탑동마을에는 반파가야의 추정 왕궁터도 위치한다. 사실 왕궁과 왕릉은 가야계 소국 존재의 핵심요소이다.

금강과 섬진강 분수령 금남호남정맥의 명산이 팔공산이다. 앞에서 이미 설명한 것처럼 옛 지도와 문헌에 성적산으로 등장하는데 장수분지가 한눈에 잘 조망된다. 팔공산 동쪽 기슭에 팔성사가 있는데, 조선시대 부속 암자 터에 다시 지은 것이다.

백제 무왕 때 해감에 의해 창건된 팔성사는 그의 설

법을 듣고 귀의한 7명의 제자를 기리기 위해 7개의 부속 암자를 두었다고 한다. 고려 태조 왕건의 8명 충신이 전사한 대구 팔공산이 국민들로부터 큰 사랑을 받고 있다. 장수 팔공산도 팔성사지와 7개의 암자 터를 찾아 불교 명산으로 태어났으면 한다. 팔성사는 일곱 개의 암자를 거느린 백제의 거찰(巨刹)이었다.

장수군 명산이 장안산이다. 이 산의 이름과 관련하여 두 가지 이야기가 전한다. 하나는 예전에 장안사(長安寺)라는 절이 있어 그 이름을 따서 장안산이라 불렀다고 한다. 다른 하나는 장수가 당나라 도읍 장안(長安)처럼 풍요롭게 잘 살았기 때문이라고 한다. 장안산은 또 다른 장수군의 브랜드다.

아직은 두 가지 견해가 학술적으로 검증되지 않았지만 장안산은 달리 제철유적의 보고이다. 장수군 일원에서 가장 많은 제철유적과 숯가마가 장안산 일원에 밀집되어 후자의 주장에 힘을 실어 준다. 아직도 풀지 못한 장수군 역사의 미스터리가 장안산 지명에 숨어 있지 않을까?

1980년대까지 당당한 모습을 뽐내던 장안산 석축형 봉화대를 지키지 못한 것은 후손으로서 몹시 비통할 따름이다. 전북일보 오동표씨는 돌로 만든 봉화대의 모습이 당당하고 웅장하였다고 당시를 회상하였다. 최소한 봉화대를 촬영한 흑백 사진만이라도 찾았으면 한다. 엄밀히 말하면 사진 자료는 고구려 고분벽화처럼 또 다른 살아 숨 쉬는 역사책이다.

법화산과 백화산, 영취산의 의미를 하나로 모으면 장수군은 불국토다. 장수군이 한 시대 풍미하였음을 웅변해 준다. 여기서 그치지 않고 언제부터 불교 용어의 산 이름을 남겼는지 꼭 관심을 가지고 밝혀야 한다. 6세기 중엽부터 70년 이상 신라가 차지하고 있었던 장수군 철산지를 백제 무왕이 다시 되찾았다.

백제 무왕 때 팔공산 팔성사가 일곱 개 암자를 두었다면 당시에 거찰이었을 것이다. 팔공사 절터 찾기 프로젝트를 시작한 가야문화연대의 도전에 박수를 보낸다. 2024년 장계분지 내 개안사지(開眼寺址)가 학술 발굴조사로 후백제 절터로 검증되었다. 완주 봉림사지와 함께 후백제 절터의 엄지척으로 그 성격을 더 검증하기 위한 추가 발굴조사가 요망된다.

중국 역사와 문화의 심장이 서안(西安)이다. 수나라, 당나라 등 11개 왕조 1000년 이상 도읍으로 애당초 이름은 장안이었다. 계남면 장안리, 장안사, 장안산 등의 지명이 장수군 일원에 많다는 것은 시사하는 바가 크다. 옛적에 장수군의 발전상을 지명으로도 살필 수 있다. 아무리 생각해도 장수군의 철산개발과 무관하지 않을 것 같다.

장수군 장계분지는, 마한부터 반파가야를 거쳐 후백제까지 천년 동안, 전북 동부에서 정치 일번지로 국가유산청 주관 '역사문화권 정비 등에 관한 특별법' 5관왕을 차지할 만큼 천년 고도 경주 못지않은 고대 문화유산의 뱅크였다. 장수군 산 이름에 담긴 불국토의 역사성과 역동성을 고증하기 위한 민관학의 융복합 전략도 마련되었으면 한다.

에필로그

 백두대간 품속 장수군은 무궁무진한 지하자원의 보고다. 초기 철기시대부터 반파가야를 거쳐 후백제까지 천년 동안 철기문화가 번창하였던 철산지로 지붕 없는 야외 박물관이다. 그렇다고 하더라도 장수군 문화유산의 극치(極致)는 철기문화의 서막을 연 천천면 남양리 유적이다. 장수 남양리 유적을 처음 발견하고 잘 지켜준 파수꾼의 매장문화유산 사랑에 큰 경의를 표한다.

 기원전 2세기 말 전북혁신도시를 출발한 선진세력이 장수군에 철기문화와 마한문화를 전해 주었다. 전북 동부에서 철기문화가 처음 시작된 장수 남양리는 전북 동부 철기문화의 요람지(搖籃地)다. 당시 선진세력이 장수군 등 전북 동부 일원에 무궁무진하게 매장된 철광석을 녹여 철을 생산함으로써 전북 동부를 세계적인 철산지로 일구었다.

 그리하여 한반도에서 학계에 보고된 700여 개소의

제철유적 중 300여 개소가 장수군 등 전북 동부에 밀집 분포되어 있다. 전북 동부는 제철유적의 세 가지 핵심 조건인 원료인 철광석과 연료인 숯, 첨단기술 등이 고고학 자료로 모두 충족되었다. 초기 철기시대 첨단기술의 전파를 실증해 준 장수 남양리 유적이 문화유산의 백미(白眉)다.

4세기 말엽 경 장수군에 지역적인 기반을 둔 마한 세력이 가야문화를 받아들여 반파가야를 탄생시켰다. 반파가야는 백두대간 산줄기 서쪽 유일한 가야계 소국으로 240여 기의 가야 고총과 120여 개소의 봉화(烽火)로 상징된다. 가야 고총과 봉화는 반파가야의 존재를 실증해 준다. 가야 봉화는 국가의 존재와 국가의 영역과 국가의 국력을 명명백백하게 대변한다.

반파가야의 영역에서 250여 개소의 제철유적이 발견되었고, 가야계 고총에서 단야구와 말편자도 나왔다. 반파가야는 철 생산과 가공으로 부국강병(富國强兵)을 이룩한 뒤 전국에 봉화망을 구축함으로써 반파가야와 관련된 문헌의 내용을 유적과 유물로 실증해 주었다. 가야 봉화와 제철유적은 한 몸이다. 중국, 일본 등 당대 문헌에는 반파가야가 가야계 소국의 으뜸으로 등장한다.

513년부터 기문(己汶), 대사(帶沙)를 두고 반파가야와의 3년 전쟁에서 승리를 거둔 백제는 장수군 등 전북 동부 철산지를 대부분 장악하였다. 장계면 무농리 망남마을 부근, 즉 수락봉 남쪽 기슭에 자리한 백제계 대형 고분이 반파가야의 멸망과 백제의 진출을 뒷받침한다. 장수군으로 백제의 진출과 존속 기간을 검증하기 위한 학술 발굴조사가 추진되었으면 한다.

554년 충북 옥천 관산성 전투에서 백제 성왕의 전사로 장수군 등 전북 동부 철산지가 신라 영역으로 편입되었다. 신라는 장수 침령산성을 4배 이상으로 확장한 뒤 서쪽 거점성(據點城)으로 삼았고 천천면 춘송리 신라 고분군도 남겼다. 장수 침령산성과 춘송리 고분군은 전북에서 신라문화유산의 최고봉(最高峰)이다. 장수군 등 전북 동부 철산지는 신라 삼국 통일의 밑거름으로 추측된다.

후백제는 철의 왕국 전북가야와 해양 왕국 백제의 융합이다. 후삼국 맹주 후백제는 전북 고대문화의 화룡점정(畵龍點睛)이다. 후백제 때 장수군은 전주 못지않게 동쪽 거점을 이루었다. 한반도 최고의 축성술을 자랑하는 장수 합미산성의 증축과 장수 침령산성이 수축되었고, 장수 개안사지는 후백제 왕실 사찰로 평가를 받는다. 이 무렵 장수군이 지상낙원과 같은 불국토(佛國土)로 인식되었던 것 같다.

장수군이 국가유산청 주관 마한과 가야, 백제, 신라, 후백제 등 '역사문화권 정비 등에 관한 특별법' 5관왕을 차지한 것은, 장수 남양리 마한부터 반파가야의 봉화망 구축을 거쳐 명덕리 대적골 후백제 제철유적까지 천년 동안 철 생산과 유통이 쉼 없이 지속되었기 때문이다. 단언컨대 유적과 유물로 본 장수군은 한반도 고대문화의 용광로(鎔鑛爐)였다. 우리나라에서 역사문화권 특별법 5관왕을 차지한 곳은 장수군이 유일하다.

고고학에서는 땅속에 묻힌 매장문화유산을 역사의 실체로까지 평가한다. 장수 남양리 등 고대 문화유산으로 본 장수군은 지붕 없는 야외 박물관이다. 장수군민들의 매장문화유산 사랑에 큰 경의를 표하고, 장수군 매장문화유산의 긴 잠을 깨우기 위한 장수군의 지원과 도전에 박수를 보낸다. 한반도에서 유적과 유물로 철기문화의 파노라마를 완성시킨 장수군 고대문화의 부활과 재도약을 염원해 본다.

전북 東鐵西鹽 길잡이
장수군 古代 문화유산 寶庫

인　쇄	2025년 08월 07일
발　행	2025년 08월 14일

지은이	곽장근
편　집	조명일 유영춘 유수빈
교　정	박홍수 김민지 이승주 신화희 이고은 김주원 문다인
펴낸곳	국립군산대학교 박물관

인쇄·제본　신아출판사
　　　　　　전북특별자치도 전주시 완산구 공북 1길 16
　　　　　　(063) 275-4000

저작권자 ⓒ 2025, 국립군산대학교 박물관
이 책의 저작권은 저자에게 있습니다. 서면에 의한 저자의 허락없이
내용의 일부를 인용하거나 발췌하는 것을 금합니다.
저자와 협의, 인지는 생략합니다.
잘못된 책은 바꿔 드립니다.

ISBN 979-11-94595-87-8 03980

값 10,000원

Printed in KOREA